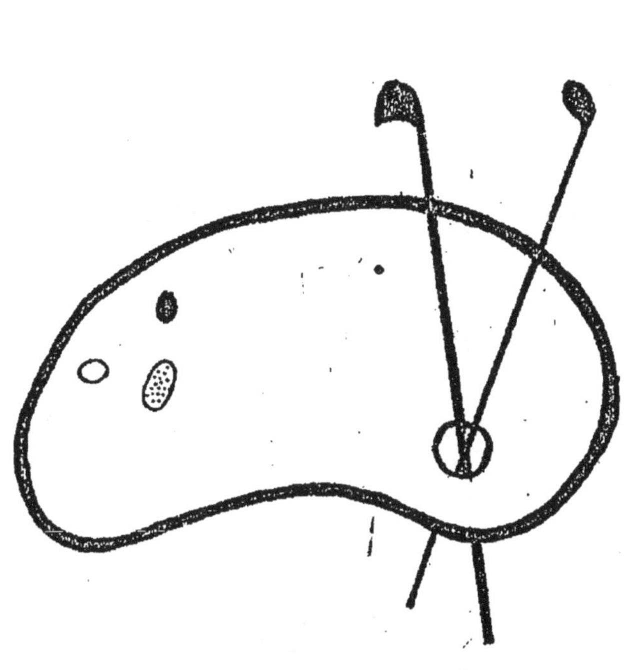

DEBUT D'UNE SERIE DE DOCUMENTS
EN COULEUR

SCIENCE ET RELIGION
Etudes pour le temps présent

SAINTE TRINITÉ

ET LES

DOCTRINES ANTITRINITAIRES

PAR

M. l'Abbé H. COUGET

TOME PREMIER

PARIS

LIBRAIRIE BLOUD & Cⁱᵉ

4, RUE MADAME ET RUE DE RENNES, 59

1915

SCIENCE ET RELIGION

Études pour le temps présent. — Prix 0 fr. 60 le vol.

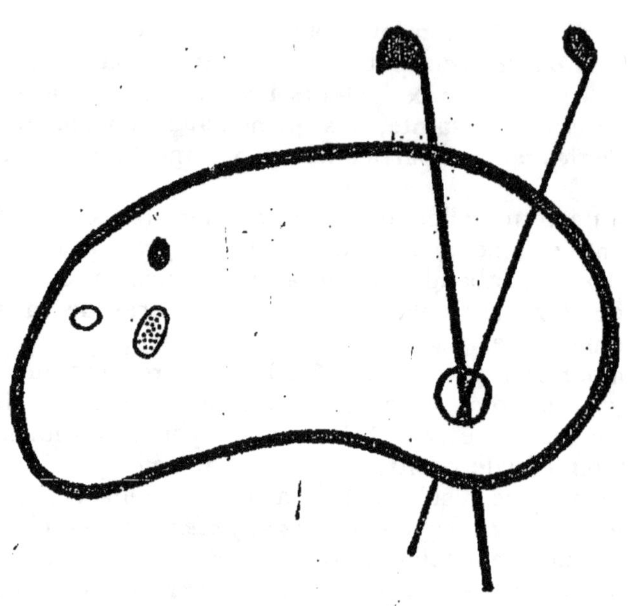

FIN D'UNE SERIE DE DOCUMENTS
EN COULEUR

LA SAINTE TRINITÉ

Sur le témoignage favorable de l'examinateur, nous per-
mettons l'impression de l'ouvrage intitulé : *La Sainte Trinité
et les Doctrines antitrinitaires.*

Paris, le 7 juillet 1904.

G. LEFEBVRE,
vic. gén.

SCIENCE ET RELIGION
Etudes pour le temps présent

LA SAINTE TRINITÉ

ET LES

DOCTRINES ANTITRINITAIRES

PAR

M. l'Abbé H. COUGET

TOME PREMIER

PARIS

LIBRAIRIE BLOUD & Cie

4, RUE MADAME ET RUE DE RENNES, 59

1905

LA SAINTE TRINITÉ

ET LES

DOCTRINES ANTITRINITAIRES

CHAPITRE I

LA SAINTE TRINITÉ DANS LA LITTÉRATURE APOSTOLIQUE

Au milieu du polythéisme universel, le peuple juif avait conservé l'idée d'un seul Dieu. Les écrits de l'Ancien Testament contribuaient à sauvegarder le monothéisme. Aussi l'existence et la distinction des personnes divines sont-elles plutôt indiquées que nettement exprimées dans la Bible. A la lumière du christianisme, on a pu en découvrir la trace dans les Livres historiques (1), sapientiaux (2), prophétiques (3) ; mais ces vestiges semblent bien être ceux d'une révélation restée très obscure jusqu'à la venue du Fils de Dieu sur la terre.

Art. 1.

La Sainte Trinité dans le Nouveau Testament.

Le Nouveau Testament, s'appuyant sur l'unité de Dieu, comme sur un dogme solidement établi, mentionne clairement et expressément la trinité des personnes divines et fait de cette doctrine la base fondamentale de son enseignement. Si l'on groupe d'une manière synthétique les divers textes des quatre Evangiles, des Actes

(1) *Genèse*, I, 26 ; III, 22 ; XI, 7, etc.
(2) *Prov.* VIII, 22 et suiv. ; *Sages.*, VII, 25-27 ; *Ecclésiast.*, XXIV, 5, et suiv., etc...
(3) *Psaum.*, II, 6, et 7 ; XLIV, 7 et 8 ; CIX, etc. ; *Isaïe*, VII, 14, VIII, 8, etc...

des Apôtres, des écrits de saint Paul et de saint Jean, on aboutit aux conclusions suivantes que la Tradition a authentiquées, que la théologie a éclairées et qui sont l'expression de la foi catholique :

1° *Il y a en Dieu trois termes distincts et personnels.* — Dans le baptême de Jésus, l'*Esprit de Dieu* descend sur lui comme une colombe, une *voix du ciel* le désigne : *Celui-ci est mon Fils bien-aimé*, etc., voir S. Matth. III, 16 et 17 ; — XXVIII, 19 ; — I Thess. I, 3-5 ; — I Cor. XII, 3-6 ; — I S. Petr. I, 2. — S. Joan. I, 33 ; — XIV, 16, etc...

2° *Chacune de ces trois personnes distinctes est Dieu.* — *Le Père* est Dieu : S. Matth. XI, 25-27 ; — VI, 9, 24, 26, 30-33 : — I, Cor. VIII, 6 ; — Rom. I, 7 ; — S. Joan. XVII, 3 ; — XX, 17 ; etc...

Le Fils est : — *Fils de Dieu* : S. Matt. XVI, 16 ; — S. Marc. I, 11 ; — S. Luc. X, 22. — XXII, 70 ; — Act. III, 13 ; — Rom. I, 3 ; — Heb. I, 2-14 ; etc... — *Fils unique de Dieu* : S. Joan. I, 14, 18 ; — III, 16, 18 ; — etc... — *Vrai fils de Dieu* : I, S. Joan. V, 20 : etc... — *Propre fils de Dieu* : Rom. VIII, 32 ; etc... — *Fils de Dieu, égal et semblable à Dieu* : S. Joan. V, 18 ; — X, 33 ; Philipp II, 6, etc... — *Dieu* : Act. XX, 28 ; — Rom. IX, 5 ; — Tit. II, 13 ; — S. Joan. I, 1 ; etc... — *Vrai Dieu* : I. S. Joan. V, 20 ; etc... — *Éternel* : S. Joan. I, 1 ; — Apoc. I, 8 ; — Heb. I, 10-12 ; etc... — *Tout-puissant* : S. Joan. X, 28 ; Apoc. I, 8 ; etc... — *D'une science infinie* : S. Matth. IX, 4 ; — Act. I, 24 ; — I Cor. IV, 5 ; — Colos. II, 3 ; — S. Joan. II, 24 ; — XXI, 17 ; etc... — *Créateur* : I, Cor. VIII, 6 ; — Colos. I, 16 ; Heb. I, 10 ; — S. Joan. I, 3, 10, etc... — *Conservateur du monde* : Colos. I, 17 ; — Heb. I, 3 ; etc... — *Il ressuscite les morts* : S. Joan. V, 21, 28, etc... — *remet les péchés* : S. Matth. IX, 2, 6 ; — S. Luc. V, 20, 24 ; etc... — *Il jugera les morts* : S. Matth. XXV, 31-46 ; etc... — *Il est un avec le Père* : S. Joann. X, 30 ; — XIV, 9-12 ; etc... — *Il envoie et donne le Saint-Esprit* : S. Joann. XV, 26 ; — XVI, 14, 15 ; etc... — *Il possède la plénitude de la divinité* : Coloss. II, 9, etc... — *Il est dans la forme de Dieu* : Philipp. II, 6 ; etc...

Le Saint-Esprit est : — *Dieu* : Act. V, 3 et 4 ; — I. Cor. XII, 4-12, etc... — *Égal au Père et au Fils* : S. Matth. XXVIII, 19 ; — S. Joann. XIV, 16 ; etc... —

D'une science infinie : I Cor. II, 10 ; — S. Joann. XVI,
13, etc... — *Il inspire les prophètes* : Act. II, 17 ; II S.
Petr. I, 21 ; etc... — *Opère des miracles* : S. Matth.
XII, 28 ; etc... — *Donne la grâce et justifie* : S. Matth.
III, 11 ; — Act. X, 45 ; — I Cor. VI, 11 ; Rom. VIII, 9 ;
— Galat. V, 22 ; — S. Joann. III, 5 et 6 ; etc...

3° *Ces trois personnes distinctes ont des relations
d'origine au sein même de la divinité.* — *Le Fils est
engendré par le Père* : S. Matth. III, 17 ; — XVI, 16 ; —
Rom. VIII, 32 ; Heb. I, 5 ; V, 5 ; — S. Joann. I, 14, 18 ;
— VII, 29 ; — VIII, 42 ; XVI, 28 ; etc... — *Le Saint-Esprit
procède du Père et du Fils* : Galat. IV, 6 ; — Act. XVI, 7 ;
— S. Joann. XV, 26 ; XVI, 14, 15, etc...

Art. 2.

La Sainte Trinité dans les écrits apostoliques.

Les plus anciens écrits de l'ère chrétienne témoignent
également de l'antiquité de la croyance à la sainte Trinité. La formule trinitaire du baptême, consignée par
S. Matthieu (XXVIII, 19) ainsi que les expressions de
saint Paul sont celles de la tradition.

La Didaché ou *Doctrine des douze Apôtres* (1), opus-
cule syrien ou palestinien, du commencement du
II° siècle après J.-C., ou peut-être de la fin du premier,
dont la rédaction semble devoir être attribuée à quelque
juif converti de l'entourage des Apôtres, s'exprime de
cette sorte : « *En ce qui concerne le baptême, baptisez
« ainsi : après avoir dit toutes ces choses, baptisez au
« nom du Père et du Fils et du Saint-Esprit dans l'eau
« vive* » (2). Le pape saint Clément *de Rome* (3) écrit

---

(1) Διδαχή τῶν δώδεκα ἀποστόλων. — Voir Funk : *Patres
apostolici,* Édit. II, vol. I ; — Bardenhewer : *Les Pères de l'Eglise,*
Trad. franc., I, p. 38 et suiv ; — *Dictionnaire de théologie catholique* de Vacant : I, col. 1680 et suiv. ; — La majorité des
critiques catholiques et protestants placent entre 80 et 120 ap.
J.-C. la date de composition de cet ouvrage.

(2) VII, 1: « Περὶ δὲ τοῦ βαπτίσματος, οὕτω βαπτίσατε·
ταῦτα πάντα προειπόντες, βαπτισάτε εἰς τὸ ὄνομα τοῦ πατρὸς
καὶ τοῦ υἱοῦ καὶ τοῦ ἁγίου πνεύματος ἐν ὕδατι ζῶντι, » Funk,
I, p. 16. — cf. Matth., xxviii, 19 :

(3) Funk 1; — Bardenhewer, I, p. 65 et suiv, ; — Schwane :
Histoire des dogmes. Trad. franç. I, p. 55 et suiv.

aux Corinthiens, à la fin du 1er siècle : « *Le sceptre de*
« *la majesté de Dieu, le Seigneur Jésus-Christ, n'est*
« *pas venu, quoiqu'il l'ait pu, avec une magnificence*
« *pompeuse et superbe, mais dans l'humilité, comme le*
« *Saint-Esprit l'avait prédit* » (1). — et ailleurs :
« *N'avons-nous pas un seul Dieu et un seul Christ et*
« *un seul Esprit de grâce répandu sur nous ?* » (2) —
et plus loin : « *Dieu vit, et le Seigneur Jésus-Christ*
« *vit et le Saint-Esprit, et la foi et l'espérance des*
« *élus.* » (3). — Saint Ignace, troisième évêque d'Antioche (4), au cours de son voyage à Rome, où il devait
subir le martyre, en l'an 107, sous l'empereur Trajan,
adresse de Smyrne une lettre aux chrétiens d'Ephèse :
« *Soyez*, leur dit-il, *les pierres du temple du Père, lés*
« *pierres préparées pour l'édifice de Dieu le Père,*
« *élevées par l'échafaudage de Jésus-Christ, qui est sa*
« *croix, à l'aide du Saint Esprit comme cordage* » (5).
— De la même ville, il écrit aux fidèles de l'Eglise de
Magnésie de se maintenir dans l'union de l'évêque, des
prêtres et des diacres, qui remplissent le ministère de
Jésus-Christ, éternel comme son Père ; « *qui avant tous*
« *lés siècles était auprès du Père et à la fin est ap-*
« *paru ;* » (6). « *Il n'y a qu'un Dieu, qui s'est mani-*

______

(1) I, Clem. ad Cor., XVI, 2. « τὸ σκῆπτρον τῆς μεγαλωσύνης
τοῦ θεοῦ, ὁ κύριος Ἰησοῦς Χριστός, οὐκ ἦλθεν ἐν κόμπῳ ἀλα-
ζονείας οὐδὲ ὑπερηφανίας, καίπερ δυνάμενος, ἀλλὰ ταπεινοφρο-
νῶν, καθὼς τὸ πνεῦμα τὸ ἅγιον περὶ αὐτοῦ ἐλάλησεν. » Funk,
p. 118, — cf. Philipp II, 6, 7 ; II Cor. VIII, 9.

(2) I, Clem. ad Cor. XLVI, 6 « ἢ οὐχὶ ἕνα Θεὸν ἔχομεν καὶ ἕνα
Χριστὸν καὶ ἕν πνεῦμα τῆς χάριτος τὸ ἐκχυθὲν ἐφ' ἡμᾶς ; »
Funk, p. 158 — cf. Ephes., IV, 4-6 ; I. Cor. VIII, 6

(3) I, Clem ad Cor. LVIII, 2. « ζῇ γὰρ ὁ Θεὸς καὶ ζῇ ὁ κύριος
Ἰησοῦς Χριστός καὶ τὸ πνεῦμα τὸ ἅγιον, ἥ τε πίστις καὶ ἡ
ἐλπὶς τῶν ἐκλεκτῶν. » Funk, p, 172, — cf. Ephes. I, 13-15.

(4) Bardenhewer, I, p. 99 et suiv. — Schwane, I, p. 57, et
suiv.

(5) *Ad Ephes*, IX. 1. « ὡς ὄντες λίθοι ναοῦ πατρός, ἡτοι-
μασμένοι εἰς οἰκοδομὴν Θεοῦ πατρὸς, ἀναφερόμενοι εἰς τὰ ὕψη
διὰ τῆς μηχανῆς Ἰησοῦ Χριστοῦ, ὅς ἐστιν σταυρός, σχοινίῳ
χρώμενοι τῷ πνεύματι τῷ ἁγίῳ ». Funck, p. 220, — cf. I Cor,
III, 16 et 17 ; VI, 19 ; II Cor. VI, 16. — *Ephes*. II, 19, etc.

(6) *Ad Magnes*, VI, 1. « ... Ἰησοῦ Χριστοῦ, ὅς πρὸ αἰώνων
παρὰ πατρὶ ἦν καὶ ἐν τέλει ἐφάνη ». Funck, p. 234.

« *festé par Jésus-Christ, son Fils, qui est son Logos sorti*
« *du silence* » (1). — « *Affermissez-vous, continue-t-il,*
« *dans la doctrine du Seigneur et des Apôtres... dans*
« *le Fils, le Père et le Saint-Esprit... Soyez soumis à*
« *votre évéque et les uns aux autres, comme Jésus-*
« *Christ l'est à son Père dans son humanité, comme les*
« *Apôtres le sont au Christ, au Père et au Saint-Esprit,*
« *afin de réaliser l'union extérieure et intérieure* » (2).

De la formule baptismale de saint Matthieu dériverait
également le *Credo* ou *Symbole des Apôtres* (3), dont il
ne serait que l'amplification. Ses articles forment en
effet trois groupes correspondant aux trois personnes de
la Sainte Trinité. Le texte le plus ancien, connu sous le
nom de symbole romain, aurait été composé à Rome,
dans le courant du IIe siècle et peut-être même à la fin
du premier (4). Il serait la profession de foi demandée
aux fidèles pour le baptême, le texte fixé de la règle de
foi reçue des apôtres (5). Les *Actes des Apôtres* laissent
entendre d'ailleurs que le baptême n'était donné, dès
l'origine, qu'aux convertis qui connaissaient le Saint-
Esprit et par suite le dogme de la Sainte Trinité (XIX
2 à 4).

(1) *Ibid*, VIII, 2. « ... ὅτι εἷς Θεός ἐστιν, ὁ φανερώσας ἑαυτὸν
διὰ Ἰησοῦ Χριστοῦ τοῦ υἱοῦ αὐτοῦ, ὅς ἐστιν αὐτοῦ λόγος ἀπὸ
σιγῆς προελθών ». FUNCK, p. 236.

(2) *Ad Magnes*. XIII, 1. « σπουδάζετε οὖν βαβαιωθῆναι ἐν
τοῖς δόγμασιν τοῦ κυρίου καὶ τῶν ἀποστόλων..... ἐν υἱῷ καὶ
πατρὶ καὶ ἐν πνεύματι..... ὑποτάγητε τῷ ἐπισκόπῳ καὶ ἀλλή-
λοις, ὡς Ἰησοῦς Χριστὸς τῷ πατρὶ κατὰ σάρκα καὶ οἱ ἀπόστο-
λοι τῷ Χριστῷ καὶ τῷ πατρὶ καὶ τῷ πνεύματι, ἵνα ἕνωσις ᾖ
σαρκική τε καὶ πνευματική ». FUNK, p. 240, — cf. Ephes., v, 21,
etc. IV, 3, etc., Hebr., XIII, 17, etc.

(3) Voir *Dict. de théol. cath*. I, col. 1660-1680 ; — ERMONI : Le
Symbole des Apôtres, dans la collection *Science et Religion*.

(4) Le texte actuel, dit gallican ou texte reçu, serait du IVe ou
du Ve siècle.

(5) « Bien que répandue par tout l'univers, jusqu'aux extré-
mités de la terre, — écrira saint IRÉNÉE à la fin du IIe siècle, —
« *l'Eglise n'a pas reçu des Apôtres et de leurs disciples d'autre*
« *foi que la foi* en un seul Dieu, Père tout-puissant, qui a
« fait le ciel, la terre, la mer et tout ce qui y est contenu, et
« en un seul Jésus-Christ, Fils de Dieu, qui s'est fait homme
« pour notre salut, et en un seul Esprit qui a publié par les
« prophètes les révélations de Dieu et son avènement... » *Adv.
Hæres*, I, 10.

Ces diverses citations, empruntées aux écrivains de l'âge apostolique, ont ceci de caractéristique qu'elles ne semblent point avoir été influencées par l'hellénisme alexandrin et paraissent dériver soit du verset trinitaire de Saint Matthieu, soit de la doctrine de Saint Paul (1).

(1) A l'exception cependant des deux premiers passages, cités plus haut, de l'Épître de saint Ignace aux Magnésiens. L'un (VI, 1) enseigne la préexistence et l'éternité du Fils. L'autre (VIII, 2), désigne le Fils de Dieu sous le nom de Logos et semble entaché de gnosticisme. Il est difficile de savoir dans quelle mesure ces deux textes de saint Ignace dépendent historiquement du 4me Évangile, bien que la doctrine de l'évêque d'Antioche descende en ligne directe de la théologie johannique.

CHAPITRE II

Art. 1.
Origine des erreurs antitrinitaires.

Les hérésies qui allaient surgir devaient contribuer à préciser les expressions dogmatiques. Dès l'apparition du christianisme, la question de la divinité de Jésus-Christ divisa les esprits. Elle fut, aux premiers siècles de l'Eglise, le centre de toutes les controverses. Elle souleva un certain nombre de problèmes, en particulier au sujet de la Sainte Trinité. Comment concilier la divinité du Fils et l'unité de Dieu ? Avec le secours de la philosophie grecque, on tenta un essai d'explication, à la suite de quoi un double courant d'erreurs se fit jour.

Unité et trinité étaient comme les deux centres d'attraction, qui, une fois l'équilibre rompu, entraînaient dans l'hérésie. Dès le IIe siècle, le souci de sauvegarder l'unité de Dieu fait naître l'*Unitarisme*, qui, sous des noms divers : *Monarchianisme, Modalisme, Sabellianisme*, etc., professera qu'il n'y a en Dieu que des modalités, des rôles différents de la même personne et que les noms de Père, Fils, etc., ne désignent point des personnes distinctes et divines, mais des aspects divers du même Dieu. Une réaction se produira dans le sens inverse ; à vouloir trop distinguer les personnes, on en viendra avec les *Subordinatiens*, non-seulement à nier implicitement l'égalité de nature, mais soit à contester la divinité du Verbe (*Arianisme*), et celle du Saint-Esprit (*Macédonianisme*), soit à briser l'unité divine comme le *Trithéïsme*, qui n'exista qu'à l'état de tendance, sans jamais se préciser en doctrine arrêtée.

Art. 2.

La Sainte Trinité et la philosophie platonicienne.

Contre les Juifs et les païens, les Pères Apologistes du
II⁰ siècle s'efforcèrent de démontrer la Divinité de Jésus-
Christ ; et ainsi, ils établissaient en Dieu la distinction
des personnes du Père et du Fils. Ils ne se bornèrent
point d'ailleurs à faire usage des textes de la Sainte Ecriture. Par eux, le dogme prit contact avec le platonisme.

Le juif Philon d'Alexandrie (? 30 av. J.-C. — 39 ap.
J.-C.), contemporain de Jésus-Christ, s'était essayé à
harmoniser les doctrines de l'Ancien Testament avec les
données platoniciennes et avait élaboré une théorie du
Verbe. Sans doute on trouve dans Platon une sorte de
triade ; mais elle est vague, incohérente et exposée
chaque fois d'une manière si différente, qu'il ne semble
point que, dans la pensée du fondateur de l'Académie,
cette triade ait eu la consistance et l'importance qu'on
a voulu y trouver. Peut-être n'était-ce point autre chose
qu'une énumération ramenée au chiffre de trois. Dans
le *Timée* (1), Platon découvre aux choses de ce monde
trois principes d'origine : la matière (ὕλη), les idées, et
l'esprit divin. Les trois termes employés dans la *Répu-
blique* (2) représentent Dieu, la raison qui émane de lui,
et le soleil. La *seconde lettre à Denys de Syracuse*, à
supposer qu'elle fût authentique, énumère les idées,
les divinités astrales et les hommes, avec Dieu au
centre. Il faut bien reconnaître que ces formules ex-
priment toute trinité que l'on voudra, sauf le mystère
d'un seul Dieu en trois personnes. Les termes ne sont
point les mêmes, non seulement en comparaison du
dogme chrétien, mais dans Platon lui-même. Rien n'in-
dique la personnalité, la divinité, l'égalité de ces termes.
Influencé par les clartés de la Révélation, on est porté
à regarder ces éléments disparates comme de vagues
allusions à la Trinité chrétienne, vérité mystérieuse que
Platon ne paraît point avoir pressentie.

Bien qu'également obscure et indéterminée, la doctrine de Philon « relative à la connaissance de la nature

(1) Ch. xxxvii.
(2) Ch. vii.

« divine et sur le Verbe a exercé sur la théologie ecclé-
« siastique comme sur l'origine des hérésies une in-
« fluence durable » (1). Sa théorie du Logos est un mé-
lange de vue platoniciennes et bibliques. Dieu, être
transcendant, abstrait, indéterminé, sans propriétés,
inaccessible, n'agit sur la matière éternelle, avec laquelle il ne peut prendre contact, que par des intermédiaires émanés de Lui, les Idées, types originels des
choses. Le Logos est le plus parfait de ces intermédiaires divins, que les Anges de l'Ancien Testament représentent comme messagers et exécuteurs des ordres de
Dieu. Ce sont des Idées, des Verbes intérieurs (λόγοι
ἐνδιάθετοι), émanations éternelles de la divinité, qui, ma-
nifestées dans le monde matériel, deviennent des Verbes
exprimés (λόγοι προφορικοί). Le Verbe de Dieu, l'Idée
suprême, est en quelque sorte l'interprète de l'Etre ineffable. Produit éternellement, il agit au dehors. Cependant, dans cette doctrine de Philon, il est, pour ainsi
dire, impossible de distinguer si ce Verbe est un attri-
but, une puissance divine, ou une personne distincte :
il semble être une sorte de Dieu subalterne (2).

C'est à l'aide de cette philosophie que les Apologistes (3) du IIe siècle vont tenter d'expliquer la Divinité
de J.-C.; philosophie qui a probablement influencé la
théologie du quatrième évangile (4) et servi de première

(1) SCHWANE, I, p. 87.
(2) Malgré la « profonde divergence dans la doctrine, les écrits
« de Philon se rapprochent des livres canoniques dans la ter-
« minologie. On est frappé d'y rencontrer, à propos du Logos,
« des expressions comme celles-ci : ὁ πρωτόγονος υἱός, I, p. 414,
« 427, 653), ὁ πρεσβύτατος υἱός (l. p. 414, 427, 562). » CALMES,
l'Evangile selon saint Jean, p 95.
(3) Voir Dict. de Théol., I, col. 1580 et suiv.
(4) Il est à remarquer que si le terme de Logos employé par
l'Evangéliste est d'origine alexandrine, la doctrine exprimée
par ce mot est d'origine juive. Le Logos du Nouveau Testament
désigne sous un nom nouveau la Sagesse de l'Ecclésiastique et
des Proverbes, qui, au temps de Jésus, était l'instrument par
lequel Dieu fait toute chose. L'emprunt est purement verbal.
Voir à ce sujet : Revue Biblique : HACKSPILL, Etudes sur le milieu religieux et intellectuel contemporain du Nouveau Testament ; octobre 1900, avril 1901, juillet 1901 et janvier 1902 ; —
CALMES : L'Evangile selon saint Jean, p. 94 à 100 «... Le chris-
« tianisme, conclut ce dernier, trouvait ainsi la notion du
« Logos dans ses antécédents historiques. En l'adoptant, les

structure rationnelle à l'exposé du dogme ; encore faut-il reconnaître que, dans une certaine mesure, elle a fourni des expressions doctrinales fautives et provoqué des hérésies.

Le philosophe JUSTIN (1), converti au christianisme, après avoir successivement fréquenté les écoles des

« écrivains du Nouveau Testament n'avaient qu'à la recevoir de
« la tradition juive, comme un héritage en quelque sorte na-
« turel. Inutile pour eux de la chercher dans les monuments
« de la philosophie païenne, il leur suffisait, pour la trouver,
« d'ouvrir leurs Livres saints.

« Si maintenant on nous demande ce que la théorie du *Logos*
« doit à la spéculation alexandrine, la réponse sera facile. Il
« est incontestable qu'au sein de l'école d'Alexandrie, la théo-
« logie juive et la philosophie grecque ont réagi l'une sur l'au-
« tre et se sont combinées. Discerner, dans les théories issues
« de cette combinaison, l'apport exact de chacune d'elles, serait
« une tâche difficile et délicate. Mais il est une chose que l'on
« peut affirmer sans crainte d'erreur. C'est que le platonisme
« alexandrin, le *philonisme*, exerça sur la dogmatique des pre-
« miers âges chrétiens une influence analogue à celle qu'exerça,
« au Moyen Age, la philosophie péripatéticienne sur la théologie
« scolastique. Le christianisme n'est redevable ni à Platon, ni
« à Aristote, d'aucun des articles de son symbole. Mais ces
« deux philosophes ont tour à tour présidé à l'expression et à
« la systématisation de ses croyances.

« D'après cela, il est aisé de comprendre comment un évan-
« géliste a pu recevoir d'Alexandrie ce terme de λόγος, qui était
« destiné à jouer un si grand rôle dans la théologie chrétienne.
« C'est que le concept exprimé par ce mot plonge ses racines
« jusque dans les plus anciens documents de la littérature
« sacrée. » p. 99.

« Si la spéculation judéo-alexandrine, écrit l'abbé LOISY, a
« fourni à l'auteur le mot de Logos et lui a en quelque sorte
« préparé des lecteurs pour l'entendre ; si l'emprunt d'un tel
« mot ne peut être simple affaire de lexique, et si le mot ap-
« porte avec lui l'idée qu'il représente, il est vrai pourtant que
« la doctrine johannique du Logos a des racines dans l'ancien
« Testament, soit dans les livres sapientiaux, soit dans le com-
« mentaire philosophique de la Genèse. La forme qu'elle prend
« dans l'Evangile est spécifiquement chrétienne. L'idée du Logos
« est le point où l'enseignement apostolique rejoint la philoso-
« phie du temps ; mais c'est pour substituer à une notion indé-
« cise et flottante, familière d'ailleurs à beaucoup d'esprits, une
« notion très nette, qui introduit dans la donnée philosophique
« la consistance qui lui manquait. » *Etudes évangéliques* : le
Prologue du quatrième évangile. p. 126.

(1) Né à Sichem, en Samarie vers l'an 100 ; mort martyr sous Marc-Aurèle entre 163 et 167. — Cf. BARDENHEWER, I, p. 144 et suiv. ; — SCHWANE, I, p. 90 et suiv.

stoïciens, péripatéticiens, pythagoriciens et platoniciens,
fit servir ses connaissances philosophiques à l'apologie
du christianisme. Entre la philosophie et la doctrine
chrétienne, il constatait des analogies, des similitudes
et il les expliquait par une révélation partielle du
Logos, des semences du Verbe disséminées dans le
monde : Λόγος σπερματικός, σπέρμα τοῦ Λόγου (1). Les vé-
rités connues des anciens étaient donc comme un reflet
du Verbe, sur l'intelligence humaine, comme une
émanation de la raison éternelle. « De sorte que la phi-
« losophie, loin d'être en opposition avec le christia-
« nisme, y conduit ; elle est un christianisme anticipé,
« contemporain du genre humain, à l'état d'ébauche ;
« une révélation partielle de Dieu plus ou moins altérée
« par les idées et les passions humaines ; et les philo-
« sophes, en dépit de leurs imperfections, sont, dans
« certaines lignes, des disciples du Verbe ou du
« Christ, des chrétiens d'avant l'heure. D'autre part, le
« christianisme étant la révélation complète de Dieu,
« possédant dans le Λόγος μορφωθείς ou Verbe incarné
« la vérité, non plus fragmentaire, mais totale, est la
« seule philosophie digne de ce nom, et les chrétiens
« sont les seuls vrais philosophes. Par là plus d'antino-
« mie ou d'opposition : la philosophie est un achemine-
« ment au christianisme et trouve en lui son terme, sa
« plénitude et sa perfection (2). »

La doctrine du Logos dans Justin se ressent de l'influence platonicienne. Sans doute il enseigne la divinité, l'éternité, la personnalité du Verbe (3) ; mais il ne
se dégage point des idées de Philon relatives à la transcendance de Dieu, quand il soutient que le Père se révèle au monde par le Fils, parce que, illimitée, incom-
mensurable, l'essence de Dieu ne peut en aucune façon
se révéler au dehors. Il tend, par suite, à subordonner le
Fils au Père et à en faire un Dieu inférieur, intermédiaire
entre le monde et le Père (4). Et cependant il dira que le
Fils est partout, aussi bien que le Père (5), qu'il est en-

(1) *Apolog*, I, 46 ; II, 8, 13 ; etc.
(2) *Diction., de théol.* I, col. 1593.
(3) *Dialog.*, 56, 128.
(4) *Ibid.*, 127.
(5) *Apolog.*, I, 10.

gendré de Dieu lui-même ἐξ ἑαυτοῦ (1) ; expressions qui montrent bien qu'il reconnaît l'unité de nature divine entre les personnes. La distinction philonienne du Verbe intérieur et du Verbe exprimé se reflète dans son langage. Théophile le premier fera usage de ces formules ; mais l'idée qu'elles représentent se manifeste dans Justin. Il semble concevoir le Verbe comme une propriété éternelle de Dieu qui devient une personne au moment de la création. Le Verbe n'aurait donc conquis sa personnalité qu'en vue de la création, par une génération, semblable à celle de la parole humaine, exprimant extérieurement l'Idée intérieure. « *Son Fils, au contraire, dit-il, dans « sa 2ᵐᵉ Apologie, qui seul est appelé son propre Fils, « le Verbe qui est avec le Père avant toutes les créa-« tures, et qui fut engendré par lui lorsqu'au com-« mencement il fonda et ordonna toutes choses par son « entremise, ce Fils est appelé Christ... (2)* ». — Il est vrai qu'ailleurs, dans son *Dialogue avec le juif Try-phon*, il écrira : « *mais cette production substantielle « sortie du Père avant toutes choses était dans le Père, « et le Père lui parlait, suivant ce qui est dit dans Sa-« lomon, qu'au commencement, avant toutes choses, « cette production a été engendrée de Dieu et qu'elle se « nomme Sagesse (3)* ». On aurait tort cependant de faire à Justin et aux premiers Apologistes un grief de ces lacunes. Ils écrivaient à une époque où non seulement la langue théologique n'était point fixée, mais où les conceptions philosophico-dogmatiques étaient loin d'être précises et déterminées.

Justin parle assez peu du Saint-Esprit, suffisamment cependant pour affirmer sa divinité. « *Nous honorons*

---

(1) *Dialog.*, 61.

(2) *Apolog*, II, 6 : « Ὁ μὲν υἱὸς ἐκείνου, ὁ μόνος λεγόμενος κυρίως υἱὸς, ὁ λόγος πρὸ τῶν ποιημάτων, καὶ συνὼν, καὶ γεννώμενος, ὅτε τὴν ἀρχὴν δι' αὐτοῦ πάντα ἔκτισε καὶ ἐκόσμησε, Χρίστος λέγεται. » Voir également *Apolog.*, I, 5, 13.

(3) *Dialog.*, 62 : « Ἀλλὰ τοῦτο τὸ τῷ ὄντι ἀπὸ τοῦ πατρὸς προβληθὲν γέννημα πρὸ πάντων τῶν ποιημάτων συνῆν τῷ πατρὶ καὶ τούτῳ ὁ πατὴρ προσομελεῖ, ὡς ὁ λόγος διὰ τοῦ Σαλομῶνος ἐδήλωσεν, ὅτι καὶ ἀρχὴ πρὸ πάντων τῶν ποιημάτων τοῦτ' αὐτὸ καὶ γέννημα ὑπὸ τοῦ Θεοῦ ἐγεγέννητο, ὃ σοφία διὰ Σαλομῶνος καλεῖται. »

« *et adorons Dieu, dit-il, ainsi que le Fils qui procède*
« *de Lui... et l'Esprit prophétique* (1). » Et à propos du
baptême : « *Les néophytes sont lavés dans cette eau, au*
« *nom du Seigneur Dieu, Père de toutes choses, et de*
« *notre Sauveur Jésus-Christ, et du Saint-Esprit* » (2),
etc.

A l'exemple de Justin, son disciple, TATIEN d'Assy-
rie (3), le philosophe athénien ATHÉNAGORE (4), l'évêque
d'Antioche THÉOPHILE (5), tous trois dans la seconde moitié
du II⁰ siècle, empruntent à la spéculation philonienne
les éléments rationnels de leur théodicée. La conception
hellénique du Logos trouble évidemment leur doctrine
trinitaire. Les expressions qu'ils emploient laissent entendre, qu'à la suite de Philon, ils dédoublent le Verbe.
Il serait éternel en Dieu, au titre de sagesse divine, de
propriété intérieure (ἐνδίαθετος). Il ne serait engendré
qu'à l'occasion de la création (προφορικός). Cette idée
fausse, et d'origine grecque, de la génération temporelle, introduisait une subordination de personnes dans
la Trinité (6). Et cependant ces premiers Apologistes
enseignaient l'unité de nature divine. Théophile, le premier, appelle le Dieu des chrétiens une Trinité, τρίας (7),
pour exprimer la distinction de personnes.

Art. 3.

Saint Irénée et le Gnosticisme.

La philosophie platonicienne n'avait point été non plus
sans influence sur le Gnosticisme alexandrin, la grande
hérésie du II⁰ siècle, représentée à Alexandrie, surtout
par *Basilide* et *Valentin*. Doctrine bizarre, composée

---

(1) *Apolog.*, I, 6 : « ἀλλ' ἐκεῖνόν τε καὶ τὸν παρ' αὐτοῦ υἱὸν
ἐλθόντα.... πνεῦμά τε τὸ προφητικὸν σεβόμεθα καὶ προσκυνοῦ-
μεν. »
(2) *Ibid*, 6ı, etc.
(3) BARDENHEWER, I, 167 ; — SCHWANE, I, 106.
(4) BARDENHEWER, I, 177 ; — SCHWANE, II, 112 ; — *Diction. de
théolog.* I, col. 2.210 et suiv.
(5) BARDENHEWER, I, 183 ; — SCHWANE, I, 109.
(6) TATIEN : Λόγος πρὸς Ἕλληνας 5 ; — ATHÉNAGORE : Πρεσβεία
περὶ Χριστιανῶν, 6, 10, 12, 24 ; — THÉOPHILE : Ad Autoly., II,
10, 22.
(7) *Ibid*, II, 15.

des éléments les plus hétérogènes, intéressante en ce sens qu'elle était un effort hardi et ingénieux de la pensée pour donner une explication purement rationnelle de l'origine et du sens des choses, le Gnoticisme alexandrin empruntait à Platon la coexistence de la matière éternelle et d'un Dieu suprême, et à Philon la transcendance absolue de ce Dieu innommable et inaccessible. Les Intermédiaires par lesquels ce Dieu ineffable, l'Abîme Βυθός, prenait contact avec la matière, étaient, non plus les Idées-types, mais les Éons, engendrés du Silence infini Σιγή, émanations divines, êtres divins, dont le dernier de tous, la Sagesse Σοφία, retournait et rentrait en Dieu. Le Sauveur ou Jésus céleste était un Éon supérieur Λόγος, Νοῦς, Μονογενής, envoyé sur le Christ terrestre au moment de son baptême. Cet amalgame de philonisme et de rêveries orientales avec les données chrétiennes dénaturait dans l'esprit des néophytes ou des nouveaux convertis la doctrine évangélique, d'autant que le gnosticisme prétendait déjà opposer la science, γνῶσις, à la foi.

L'hérésie fut surtout combattue par SAINT IRÉNÉE (1), († 202) évêque de Lyon, dans ses cinq livres sur *La fausse science démasquée et réfutée* (2). Du texte primitif de cet ouvrage composé en grec, nous ne possédons que des fragments cités par les écrivains postérieurs, et nous ne le connaissons que par la traduction latine *Adversus haereses*. Le premier livre expose les théories gnostiques représentées principalement par le Valentinianisme. Le deuxième les réfute au nom du bon sens et de la philosophie ; les trois derniers par les Saintes Ecritures. En justifiant l'unité divine, contre le dualisme gnostique et en repoussant la théorie du démiurge qui faisait d'un éon inférieur le créateur du monde (δημιουργός), Irénée était naturellement amené à s'expliquer sur la Sainte Trinité. A la multiplicité des éons, il oppose la trinité des personnes divines qui ne sont pas des êtres inférieurs produits par émanation ou division de la Divinité. Egales entre elles, elles ne font qu'un seul Dieu. « *Dieu n'avait*

_____

(1) BARDENHEVER, I, p. 202 et suiv. ; — SCHWANE, I, p. 121, et suiv.

(2) Ἔλεγχος καὶ ἀνατροπὴ τῆς ψευδωνύμου γνώσεως.

« *pas besoin des anges pour créer ce qu'il avait résolu*
« *en lui-même, comme s'il n'avait pas eu ses propres*
« *mains ; car il y a toujours en lui (adest Deo) le Verbe*
« *et la Sagesse, le Fils et l'Esprit, par qui et en qui il*
« *a créé toutes choses, librement et spontanément* » (1).
Et entre ces personnes il n'y a pas seulement unité de
nature, mais pénétration, inhabitation réciproque, ce
que la théologie appellera *circumincessio*. « *Celui qui*
« *est, Dieu, s'est manifesté par le Fils qui est dans le*
« *Père et qui a en lui le Père* » (2). Mais tandis que les
Pères Apologistes tendaient à faire de cette manifestation
du Verbe dans le temps, une génération temporelle et
à établir conséquemment une subordination entre les
personnes, Irénée insiste au contraire sur l'éternité du
Verbe (3), éternellement engendré. Quant à savoir ce
qu'est cette génération, non seulement l'évêque de Lyon
repousse la comparaison chère aux Apologistes, de la
parole intérieure et la distinction philonienne du Logos
interne et du Logos proféré (4) en ce qu'elles portent
négation de l'éternité du Verbe, mais il déclare nettement
que ce mystère dépasse notre raison. « *Et que si l'on*
« *nous demande comment le Fils est produit par le Père ;*
« *nous répondrons que cette production, de quelque*
« *nom qu'on la désigne, génération ou autre, personne*
« *ne la connaît... si ce n'est le Père qui engendre et le*
« *Fils qui est engendré. Et puisque cette génération est*
« *indicible, ce n'est pas avoir la pleine possession de*
« *soi-même que d'entreprendre de raconter générations,*
« *émanations, etc. (5)* ». La doctrine de saint Irénée
marque un progrès notable sur celle des Pères antérieurs.

(1) *Adv hær.* IV, 20, 1.
(2) « Per Filium itaque, qui est in Patre et habet in se Patrem,
« is qui est, manifestatus est Deus » *Ibid.*, III, 6, 2.
(3) « Ipse proprie præter omnes qui fuerunt tunc homines,
« Deus et Dominus et Rex æternus et Unigenitus et Verbum in-
« carnatum prædicatur. » *Ibid.*, IV, 14, 1 ; — IV, 20, 1, 3 ; II, 25,
3 ; III, 19, 2, etc.
(4) « Qui generationem prolativi Verbi transferunt in Dei
« æternum Verbum et prolationis *initium donantes et genesim,*
« quemadmodum et suo verbo. Et in quo distabit Dei Verbum,
« imo magis ipse Deus, cum sit Verbum, a verbo hominum, si
« eamdem habuerit ordinationem et emissionem generationis. »
Ibid., II, 138.
(5) « Si quis itaque nobis dixerit : quomodo ergo Filius pro-
« latus a Patre est? Dicimus ei, quia prolationem istam sive

Art. 4.

L'Unitarisme.

La difficulté subsistait toujours cependant d'échapper au trithéisme. Pour sauvegarder l'unité divine, certains ne voulurent voir en J.-C. que le Fils adoptif de Dieu, d'autres identifièrent le Père et le Fils. Ces derniers reçurent le nom de *Monarchiens*, à raison de leur formule « monarchiam, inquiunt, tenemus (1) ».

Nous ne savons que très peu de choses sur la doctrine et la secte des *Aloges* ou négateurs du Verbe, que nous ne connaissons que par saint Epiphane (2). Ce seraient des Ébionites, répandus en Asie-Mineure, à la fin du II⁰ siècle, qui rejetaient l'Evangile selon saint Jean et, par suite, la doctrine du Verbe.

Vers la même époque, un Phrygien d'origine, du nom de Praxéas (3), imbu d'idées gnostiques, enseignait à Rome que le Père était la divinité de Jésus et le Fils son humanité. Considérant les éons comme de simples idées ou attributs de Dieu, il ne voyait dans les personnes divines que l'expression symbolique des actes divins ou des noms différents donnés au Père sous des aspects divers. Dieu est appelé Père comme principe éternel, Fils en tant qu'il est né sur la terre et mort sur la croix. Le Père serait ainsi le Dieu crucifié pour nous, ce qui fit donner par Tertullien le nom de *Patripassiens* (4), aux tenants de cette erreur. Cet Asiate était venu dans la capitale de l'empire pour renseigner le pape Eleuthère (175-189) sur le mouvement montaniste en Phrygie. Sous le pape Victor (189-199) il implanta dans Rome

« generationem, sive nuncupationem, sive adapertionem aut
« quolibet quis nomine vocaverit generationem ejus inenarrabi-
« lem existentem, nemo novit ; non Valentinus, non Marcion,
« neque Saturninus, neque Basilides, neque angeli, neque ar-
« changeli, neque principes, neque potestates, nisi solus qui
« generavit Pater et qui natus est Filius. Inenarrabilis itaque
« generatio ejus cum sit, quicumque nituntur generationes et pro-
« bationes enarrare, non sunt compotes sui, ea quæ inenarrabilia
« sunt enarrare promittentes. » *Ibid.*, II, 28, 6.
(1) Tertullien, *adv. Prax.* c. I.
(2) *Hæres.*, LI, 3. *Dict. de th. cath.* I, col. 898.
(3) Schwane, I, p. 154.
(4) Tertullien, *adv Prax.*

son système théologique. Exclu de la communauté romaine par le pape Zéphyrin (199-217), Praxéas, dès le début du iii⁰ siècle, alla répan lre son erreur à Carthage. Tertullien l'y attaqua avec d'autant plus de vigueur que tombé lui-même dans le montanisme, contre lequel le Phrygien avait indisposé le pape, il trouvait, en défendant la vérité, l'occasion de combattre un adversaire. Et pour le réfuter il écrivit son traité *Adversus Praxeam* (1).

Cependant le *modalisme* devait encore agiter Rome pendant trente ou quarante ans. Noet de Smyrne, à qui Praxéas l'avait emprunté, l'avait enseigné le premier, en Asie-Mineure, en s'appuyant sur la philosophie d'Héraclite d'Ephèse (2). Son disciple Epigone (3) le propagea de nouveau à Rome et y fonda une secte dont les chefs furent Cléomène et surtout Sabellius. Cléomène ne fit guère que continuer l'enseignement des Noëliens, suivant lequel il n'y a qu'un seul Dieu personnel, à la fois Père et Fils, non par distinction de personnes, mais par différence de révélation. Son disciple Sabellius donna un nouvel éclat à cette doctrine qui lui emprunta son nom, le *Sabellianisme*. Chef de l'école monarchienne au commencement du iii⁰ siècle, il soutint que les personnes en Dieu ne sont que de simples modalités, que le Père, le Fils et le Saint-Esprit ne sont que des révélations transitoires d'un Dieu unique. La même personne se manifestait comme Père dans l'Ancien Testament, comme Fils dans l'Incarnation et comme Saint-Esprit dans la Sanctification des âmes. Ces trois modes de manifestation, désignés sous le terme de πρόσωπα, n'étaient que le résultat de l'évolution de la monade divine.

(1) *Infra*, p. 23.

(2) *Philosophoum*, p. 279 : « Γεγένηταί τις ὀνόματι Νοητός, « τῷ γένει Σμυρναῖος. Οὗτος εἰσηγήσατο αἵρεσιν ἐκ τῶν Ἡρακ- « λείτου δογμάτων, οὗ διάκονος καὶ μαθητής γίνεται Ἐπί- « γονός τις τοὔνομα, ὅς τῇ Ῥώμῃ ἐπιδημήσας ἐπέσπειρε τὴν « ἄθεον γνώμην. »

(3) Mgr Batiffol incline à penser qu'Epigone est le même individu que Praxéas : « Il y eut, en effet, à Rome, dans les « premières années du iii⁰ siècle, une vogue passagère de monar- « chianisme, bientôt suivie d'une vive réaction. Cette vogue se « rattache à l'enseignement du personnage que les *Philoso-* « *phoumena* appellent Epigone, et Tertullien Praxéas. » *Dict. de Théolog. cath.* I, col. 1670.

Art. 5.

La Réfutation romaine du Modalisme.

Ces erreurs suscitèrent la controverse. L'école de Sabellius avait jeté le trouble dans la chrétienté de Rome. Sous le pape Zéphyrin elle rencontra un intrépide adversaire dans le prêtre HIPPOLYTE (1), un des membres les plus instruits de l'Eglise romaine. Il composa un *Discours contre l'hérésie de Noët* (2). « *Il est donc obligé,* écrivait-il de l'hérésiarque (3), « *quoiqu'il ne le veuille* « *pas, de confesser le Père, Dieu tout-puissant, et* « *Jésus-Christ, Fils de Dieu, Dieu fait homme, à qui* « *le Père a tout soumis en dehors de lui, et l'Esprit* « *saint et qu'ils sont vraiment trois. S'il veut savoir* « *comment un seul Dieu est démontré, qu'il apprenne* « *que sa puissance est une. En ce qui est de sa puis-* « *sance, Dieu est un, mais quant à l'économie, il se* « *montre trine.* » S'il repoussait la distinction purement nominale des personnes divines et affirmait leur distinction réelle, il ne s'arrêtait pas là et tombait dans un autre extrême en professant nettement le *subordinatianisme*. A la suite des Apologistes, Justin, Athénagore, Théophile, il empruntait à Philon la distinction du Verbe intérieur et du Verbe prononcé et la poussait à l'excès. D'abord impersonnel, uni indistinctement au Père, le Verbe ne serait sorti du Père comme personne distincte, ἕτερος, (4), que plus tard, au moment voulu par le Père et ne serait devenu pleinement le Fils τέλειος υἱός (5) que par l'Incarnation.

Le prêtre CALLISTE l'accusa publiquement de professer le dithéisme. Sur ces entrefaites mourut Zéphyrin (217). Calliste lui succéda dans la chaire de Saint-Pierre (217-222) et pour maintenir la vérité de la doctrine entre le modalisme de Sabellius et le subordinatianisme d'Hippolyte, excommunia les deux adversaires. Hippolyte qui, par ailleurs, à propos de discipline pénitentiaire, avait

(1) BARDENHEWER, I, p. 216 et suiv. — SCHWANE, I, p. 157 et suiv. — TURMEL, *Histoire de la théologie positive*, p. 24.
(2) Ὁμιλία εἰς τὴν αἵρεσιν Νοήτου τινός.
(3) *Ibid.*, nᵒ 8.
(4) *Contra hæresim Noeti*, 10.
(5) *Ibid.*, 15.

d'autres démêlés avec le nouveau pontife, l'accusa de tomber « *tantôt dans l'erreur de Sabellius, tantôt dans* « *celle de Théodote* » (1) qui niait la divinité de J.-C. Il se fit sacrer évêque et fut antipape. Il ne semble pas cependant que le schisme ait duré et Hippolyte, rentré dans le sein de l'Eglise, mourut martyr en 235. « Le « pape a ce mérite d'avoir caractérisé comme fausse la di- « rection qu'on avait visiblement prise depuis l'époque « de Justin et qui avait abouti, dans Hippolyte, au di- « théisme formel. Avec la doctrine de l'Eglise, Calliste « maintenait le Père et le Fils comme des distinctions « éternelles en Dieu, au lieu d'en faire, comme Noët, « des modes temporaires de révélation ; mais il avait « raison de ne pas exagérer cette distinction au point de « voir dans le Fils un second être divin qui n'aurait « reçu du Père son existence personnelle qu'au moment « de la création, et qui aurait exécuté ses ordres dans « une dépendance continuelle de son être (2). »

Art. 6.

La Réfutation et la doctrine de Tertullien.

Vers la même époque, Tertullien (3) écrivait son traité *contre Praxéas*. On a remarqué qu'il n'était pas sans ressemblance avec le *Discours contre Noët* d'Hippolyte (4). En 31 chapitres, Tertullien réfute l'erreur monarchienne et expose avec clarté, précision, l'enseignement dogmatique de l'Eglise, la distinction des personnes divines, l'unité de substance, la consubstantialité et la divinité des trois personnes. Après avoir opposé au novateur, à l'homme d'hier, *Praxeam hesternum*, l'antiquité de la foi, il en aborde l'exposé. Tertullien établit d'abord la distinction des personnes, dans l'Incarnation. L'Evangile selon saint Jean lui fournit la preuve que le Père, le Fils et le Consolateur sont une seule chose *unum* et non pas un seul individu *unus*. L'unité d'essence n'entraîne pas l'unité de personne. Les théo-

---

(1) *Philosophoum*, IX, 12 ; à supposer que cet ouvrage soit d'Hippolyte.
(2) Schwane, I, p. 161.
(3) Bardenhewer, I, p. 310 et suiv. — Schwane, I, 161 et suiv.
(4) Turmel, p. 25.

phanies de l'Ancien Testament prouvent également la pluralité des personnes divines. Et ici Tertullien n'échappe pas à la tendance subordinatienne des Pères Apologistes, en affirmant que la majesté du Père lui interdit de se manifester.

Contre les Patripassiens, il entreprend ensuite de démontrer que ce Fils, mentionné dans le Nouveau et l'Ancien Testament, se distingue réellement du Père : aux arguments scripturaires, il ajoute ceux d'ordre spéculatif. « *Considérez*, dit-il (1), *ce qui se passe en vous* « *quand vous vous entretenez avec vous-même dans la* « *solitude. Cette conversation a lieu par la raison qui* « *accompagne la parole à chaque mouvement de votre* « *pensée ou de votre sens intérieur. Tout ce que vous* « *pensez est une parole, et tout ce que vous connaissez,* « *une idée* (2). *Mais ce que vous connaissez, vous êtes* « *obligé de l'énoncer en vous-même et dans votre esprit,* « *et tandis que vous parlez, votre parole se présente en* « *face de vous comme un interlocuteur dans lequel se* « *révèle votre raison. Votre parole est donc en quelque* « *sorte un second, par qui vous parlez en pensant et* « *pensez en parlant. Votre parole se distingue donc de* « *vous* (3). *Combien cela n'est-il pas plus vrai de Dieu,* « *dont vous êtes la ressemblance et l'image ? Lui aussi* « *possède en lui même la raison et dans la raison la pa-* « *role. Sans témérité je puis donc conclure que Dieu* « *n'était pas seul avant la création, puisqu'il avait en* « *lui la raison et dans la raison la parole comme un se-* « *cond qu'il produisait en lui-même* ». L'influence philonienne se fait encore sentir cependant et l'idée de la génération temporelle du Verbe au moment de la création de l'univers, que saint Irénée avait si résolument écartée, reparaît dans Tertullien : « *Quand Dieu*, écrit-il (4), « *résolut de créer au dehors et de former en êtres déter-* « *minés ce qu'il avait décidé avec le Verbe et la Parole*

(1) *Advers. Prax.* cap. v.
(2) *Ibid.*, « quodcumque cogitaveris sermo est, quodcumque « senseris, ratio est. »
(3) *Ibid.* « Ita secundus quodammodo in te est sermo, per « quem loqueris cogitando et per quem cogitas loquendo ; ipse « sermo alius est. »
(4) *Ibid*, cap. vi, vii.

« *de la Sagesse, il produisit* (1) *d'abord son Verbe, qui*
« *comprenait en soi comme sagesse les idées particu-*
« *lières. Il engendra ce Verbe afin que tout fût créé par*
« *celui qui l'avait pensé, ordonné et produit dans l'in-*
« *telligence éternelle de Dieu... C'est donc alors que le*
« *Verbe prit aussi sa forme et sa parure, un son et une*
« *voix, quand Dieu dit : que la lumière soit. Ce fut la*
« *génération complète du Fils quand il sortit de Dieu.*
« *Il fut engendré d'abord pour connaître sous le nom de*
« *Sagesse, d'après le livre des* Proverbes, *VIII, puis en-*
« *gendré pour agir.* » Les expressions subordinatiennes
se multiplient, sans doute parce que les notions de nature, de personne, de génération divine sont encore
obscures dans la langue et la pensée chrétienne. De là
vient que Tertullien laisse entendre que si le Père,
comme principe, renferme en lui le Fils, celui-ci lui est
inférieur puisqu'il n'en est qu'une portion dérivée (2).

La distinction des personnes, quoi qu'en pensent les
Monarchiens, ne compromet pas l'unité de Dieu. Le
Père est autre que le Fils, le Fils autre que le Père et le
Saint-Esprit, mais « *comme personne et non comme*
« *substance, pour la distinction, non pour la divi-*
« *sion* » (3). Les trois personnes ont « *même nature,*
« *même rang, même puissance parce que Dieu est*
« *un* » (4). Il ajoute encore (5) : « *Je distingue Dieu et*
« *sa parole en tant que Père et Fils, et je dis qu'ils*
« *sont deux... et avec le Saint-Esprit, trois. Ce ne sont*
« *pas sans doute deux Dieux ou deux Seigneurs, bien*
« *que le Père soit Dieu, le Fils Dieu, le Saint-Esprit*
« *Dieu et que chacun d'eux soit Dieu. De même en-*
« *core, Dieu n'est pas une seule personne, comme si le*
« *Père lui-même était venu dans le monde ; mais ce-*
« *lui qui nous apparut et que nous reconnaissons pour*

(1) « Protulit. »

(2) *Adv. Prax*, cap. IX. « Pater enim tota substantia est, Fi-
« lius vero derivatio totius et portio sicut ipse profitetur : quia
« pater major me est. »

(3) *Ibid.*, cap. XII : « Personæ, non substantiæ nomine ; ad
« distinctionem, non ad divisionem. »

(4) *Ibid.*, cap. II : « Unius autem substantiæ et unius status
« et unius potestatis quia unus Deus » ; cf. cap. III, IV, XIX *et*
passim.

(5) *Ibid.*, cap. XIII.

« *Dieu, est le Christ ; c'est un autre que le Père, et*
« *l'Esprit est le troisième. Mais le nom de Dieu et de*
« *Seigneur leur est commun ; ils sont le Dieu unique.* »
Et pour la première fois employant le mot de *Trinité* dans
le sens que devait lui attribuer la Tradition catholique,
il pouvait écrire contre les Patripassiens : « *L'unité,*
« *en faisant procéder d'elle-même la Trinité, n'est*
« *pas par elle supprimée, mais est plutôt perfection-*
née (1). »

Au sujet des processions divines, Tertullien n'est pas
moins précis. « *Je ne saurais faire dériver le Fils*
« *d'ailleurs que de la substance du Père* (2). » Le Fils est
engendré, « *Dieu de Dieu* (3), *lumière de lumière.* (4).
« *Le troisième, le Saint-Esprit, procède du Père et*
« *Fils* (5), *du Père par le Fils* (6). »

Aussi malgré l'imprécision de certaines expressions,
malgré quelques conceptions erronées et subordinatiennes, héritage des Apologistes, Tertullien a puissam-
ment contribué à développer le dogme et à fixer la terminologie latine par l'emploi judicieux des mots
trinitas, substantia, persona, etc. (7).

Art. 7.

Le subordinatianisme alexandrin.

Cependant de Rome et de Carthage, l'hérésie monarchienne s'était propagée en Arabie. Bérylle, évêque de Bostra, dans l'Auranitide, enseignait, au dire d'Eusèbe (8),

---

(1) *Ibid.*, cap. III : « Quando unitas ex semetipsa derivans tri-
« nitatem, non destruatur ab illa, sed administretur. »

(2) *Ibid.*, cap. IV.

(3) *Ibid.*, cap. XVI : « Ex Deo Deus. »

(4) *Apol.*, cap. XXI : « De Deo Deus ut lumen de lumine ac-
« censum. »

(5) *Ad Prax*, cap. VIII.

(6) *Ibid.*, cap. IV.

(7) Au milieu du III⁰ siècle, vers 249, *Novatien*, prêtre de
Rome et plus tard antipape, réfutait encore le modalisme dans
le *De Trinitate* que saint Jérôme qualifie de « livre considé-
rable, qui est comme un abrégé de Tertullien ». *De vir. ill.*,
cap. LXX.

(8) *Hist. eccl.*, VI, 33. — SAINT JÉROME, *De vir. ill.*, LX. — cf.
Diction. de théol. cath., II, col. 799.

que le Fils de Dieu n'avait reçu une personnalité propre
que par l'Incarnation, et qu'auparavant il ne se distin-
guait pas du Père. De Césarée (en Palestine) où il avait
ouvert une école, Origène se rendit au concile de Bostra
réuni en 244 et y fit condamner le sabellianisme, après
avoir fait reconnaître à Bérylle son erreur.

Lui-même d'ailleurs avait été condamné par le synode
d'Alexandrie en 231, — jugement sanctionné par le
concile romain de l'année suivante (231 ou 232), — à la
suite de son enseignement erroné sur la Trinité, la création, la résurrection, etc. A côté des célèbres écoles philosophiques d'Alexandrie, de bonne heure (1), s'était
fondé un cours de catéchumènes (2). Vers le milieu du
n° siècle, le Didascalée se transforma en une véritable
école de théologie (3), où la science grecque tenait une
place importante, sous la direction de CLÉMENT D'ALEXAN-
DRIE († vers 216) et D'ORIGÈNE. Le premier (4), au sujet de la sainte Trinité, ne dépasse guère ce qui avait été
dit jusqu'alors et reproduit à peu près les inexactitudes de
langage des Apologistes. Il rejette, il est vrai, la comparaison entre la parole humaine énoncée et le Verbe divin proféré (5), mais s'exprime souvent dans un sens
subordinatien (6). ORIGÈNE (7), son disciple, lui succéda
comme chef de l'école catéchétique de 203 à 231. Il porta
l'école à son apogée. De lui peut-être, plus que de nul
autre des écrivains qui l'ont précédé, il faut dire que la
philosophie platonicienne altéra l'orthodoxie de ses
tentatives d'explication du mystère de la Sainte Trinité.
Il ne semble pas qu'il ait fait faire un progrès marqué
dans la connaissance de ce dogme. Les expressions fautives rendent sa doctrine obscure et suspecte. Il en-

(1) EUSÈBE, *Hist. eccl.*, V, 10 : ἐξ ἀρχαίου ἔθους.
(2) *Ibid.*. VI, 3 : τῆς κατηχήσεως διδασκαλεῖον.
(3) BARDENHEWER, I, p. 236 ; — *Diction. de Théol. cath.*, I,
col. 806 et suiv. — *Diction. d'Archéolog. chrét.*, de CABROL, I,
col. 1 167.
(4) BARDENHEWER, I, p. 237 et suiv. ; — SCHWANE, I, p. 136 et
suiv. ; — *Dict. de th. cath.*, I, col. 822.
(5) *Strom*, V, 1, 646. « Le Verbe du Père de toutes choses,
n'est pas ce προφορικός. »
(6) *Ibid.*, VII, 2, 831 ; — V, 14, 703 ; — VI, 7, 769, etc.
(7) BARDENHEWER, I, p. 250 et suiv. ; — SCHWANE, I, p. 175 et
suiv. ; — *Dict. de th. cath.*, I, vol. 822.

seigne la divinité du Verbe, sa personnalité distincte de celle du Père et la pousse si loin qu'il n'échappe pas au reproche de professer le dithéisme. Il fait du Logos un second Dieu (1) distinct du Père même par l'essence (2) et ne fait consister l'unité divine que dans l'unité de volonté : « *Nous honorons donc le Père de la vérité et* « *le Fils en tant que vérité ; ils sont deux choses* « (πράγματα) *par rapport à l'hypostase, et un par l'ac-* « *cord et l'harmonie de la volonté* (3). » Il s'affirme plus nettement subordinatien que les auteurs antérieurs : « *Le Fils*, écrit-il dans son ouvrage Περὶ ἀρχῶν, *qui est* « *moindre que le Père, n'étend son influence que sur ce* « *qui est doué de raison, car il est un autre à côté du* « *Père. Le Saint-Esprit, qui n'influe que sur les saints,* « *est encore moindre. Ainsi, la puissance du Père est* « *plus grande que celle du Fils et du Saint-Esprit.* « *D'autre part, la puissance du Fils est plus grande* « *que celle du Saint-Esprit* (4). » Ces opinions erronées du grand Alexandrin, adversaire victorieux du modalisme qui s'infiltrait en Arabie, devaient plus tard avoir quelque influence sur l'arianisme naissant (5).

Malgré la condamnation du concile de Bostra, le sabellianisme continuait son œuvre d'extension, pénétrait en Lybie et jusque dans le diocèse de Denys (6), évêque d'Alexandrie (248-265). Disciple d'Origène, peut-être même converti par lui, Denys avait succédé à Héraclas (7), d'abord pour la direction du Didascalée, puis sur le siège épiscopal. Il gouverna son Eglise, dans des temps troublés avec une telle sagesse que la postérité, à la suite d'Eusèbe et de saint Basile, lui a décerné le nom de *Grand*. Il crut de son devoir de combattre l'hérésie de Sabellius qui menaçait son troupeau. Il écrivit donc vers 260 une *Lettre à Ammonius et à Euphranor* (8),

(1) *Contra Cels*, V, 39 : δεύτερος Θεός.
(2) *De Orat*, XV : κατ' οὐσίαν καὶ ὑποκείμενον.
(3) *Cont. Cels*, VIII, 12.
(4) *De princip.*, I, 3, 5.
(5) Voir *infra*, p. 34 et suiv.
(6) Bardenhewer, I, p. 275 et suiv. — Schwane, I, p. 191 et suiv.
(7) Qui avait lui-même succédé à Origène, comme chef de l'école catéchétique, et à Démétrius comme évêque.
(8) Turmel, p. 207 et suiv.

aujourd'hui perdue, pour repousser toute identification du Père et du Fils et affirmer la distinction de leur personnalité ; mais, comme Origène, il accentua tellement cette distinction qu'il parut compromettre l'unité de nature et versa dans le subordinatianisme. Il disait, suivant saint Athanase (1) : « *Le Fils de Dieu est une créa-* « *ture (2) ; il n'a pas la nature du Père ; il diffère de lui* « *quant à la substance, tout comme la vigne diffère du* « *vigneron et la barque du constructeur qui l'a faite ;* « *étant une créature, il a un commencement.* » Ces expressions parurent hérétiques ; des fidèles d'Alexandrie dénoncèrent leur évêque au pape saint Denys de Rome (259-268). En 262, le pontife réunit, à Rome, un synode qui désapprouva les termes employés par saint Denys d'Alexandrie ; puis le pape adressa à son homonyme ainsi qu'aux évêques d'Egypte une correspondance dans laquelle il exposait la vraie doctrine relative aux personnes divines et combattait à la fois le sabellianisme et le trithéisme. Ainsi donc, comme une quarantaine d'années auparavant le pape Calliste, saint Denys de Rome, entre deux erreurs opposées, maintenait la pureté du dogme, et pour la seconde fois, dans la même question, l'Eglise romaine affirmait son magistère doctrinal et exerçait une autorité décisive pour garder intact le dépôt de la foi. Saint Athanase a inséré dans ses ouvrages l'écrit du pontife (3). « *Il est donc à* « *propos, disait le pape, de parler aussi contre ceux qui* « *dénaturent et bouleversent la vénérable doctrine de* « *l'Eglise de Dieu, en faisant évanouir la divine mo-* « *narchie en trois forces, trois hypostases séparées et* « *trois divinités ; car on dit que quelques-uns de vos ca-* « *téchistes et maîtres de la parole divine se font les dé-* « *fenseurs d'une pareille opinion. Ils sont, pour dire le* « *mot, diamétralement opposés à la doctrine de Sabel-* « *lius, car celui-ci affirme ce blasphème que le Fils de* « *Dieu n'est autre que le Père, et réciproquement ; ceux-* « *là, au contraire, prêchent pour ainsi dire trois dieux,* « *en divisant la monade sacrée en trois hypostases dis-*

(1) *De Sententia Dionysii,* c. L.
(2) *Ibid.,* c. L : « ποίημα καὶ γεννητὸν εἶναι τὸν υἱόν. »
(3) *De Decret. Nicaen. Syn.,* cap. XXVI.

« tinctes et séparées les unes des autres. Il est nécessaire
« en effet que le Verbe divin soit uni au Dieu de l'uni-
« vers, et que le Saint-Esprit habite en Dieu et le pé-
« nètre. Il est nécessaire que la triade divine se résume
« en un seul, comme dans son sommet, dans le Dieu de
« toutes choses, le Tout-Puissant. La doctrine de l'in-
« sensé Marcion, qui partage et divise la monarchie en
« trois êtres fondamentaux, est diabolique; ce n'est pas
« celle des vrais disciples de J.-C. qui demeurent atta-
« chés aux enseignements du Seigneur. Ceux-ci con-
« naissent, il est vrai, une triade qu'enseigne l'Ecri-
« ture sainte, mais ils ne connaissent pas trois Dieux,
« ni d'après l'Ancien ni d'après le Nouveau Testament.

« Ceux-là ne sont pas moins blâmables qui pensent
« que le fils est une créature (ποίησις), qu'il a été créé
« comme une des choses finies, puisque les saintes Ecri-
« tures confirment la génération qui lui convient, qui
« est la sienne, et non pas une formation ou création.
« Ce n'est donc pas un moindre blasphème, mais un
« grand blasphème de dire que le Seigneur a été pro-
« duit; car si le Fils a été créé, il fut un temps où il
« n'était pas; or il fut toujours, puisqu'il est dans le
« Père, comme il le dit lui-même, et que le Christ est
« le Verbe, etc..... »

Denys d'Alexandrie pensa qu'il avait, non pas à se
rétracter, mais à s'expliquer et à se justifier. Il répondit
par une Apologie en quatre livres, intitulée *Accusation
et Défense* (1). Il protestait contre le reproche de trithéisme et tenait sur le dogme trinitaire le même langage que le pape. Il reconnaît que le Père et le Fils sont
distincts, mais non séparés. « *Comment donc pourrais-
« je croire, quand j'emploie ces noms, qu'ils sont sé-
« parés et totalement distincts l'un de l'autre ? Nous
« étendons la monade en triade sans la diviser et nous
« ramenons la triade à l'unité sans l'amoindrir* (2). »
Il professe la consubstantialité des personnes. « *J'au-
« rais nié, dit-on, que le Christ est consubstantiel
« (ὁμοούσιος) à Dieu. J'avoue n'avoir rencontré ce mot
« nulle part dans l'Ecriture; mais la suite de ma*

(1) Ἔλεγχος καὶ ἀπολογία.
(2) *De Sent. Diony*, cap. XVII.

« *lettre montre que j'en accepte l'idée.* » (1) S'il a appliqué le mot πoίημα au Fils, ce n'est pas dans le sens de créature, mais dans celui de production, puisqu'il croit que le Verbe est engendré et non fait (2). Enfin il affirme nettement que le Fils n'a pas une origine temporelle, mais qu'il est de toute éternité. « *De même* « *que le Père existe de toute éternité, le Fils est éter-* « *nel, comme lumière de lumière, car si le Père existe,* « *le Fils existe nécessairement aussi* (3). »

Art. 8.

L'hérésie de Paul de Samosate.

Vers la même époque l'évêque d'Antioche se servait aussi du mot « consubstantiel » (ὁμοούσιος) mais dans un sens défectueux. Il l'employait pour signifier plus que l'unité de nature : l'identité des personnes. Elevé sur le trône épiscopal en 260, PAUL DE SAMOSATE (4) ne cherchait qu'à s'enrichir et à recueillir des honneurs. Il fut accusé de déshonorer l'Eglise par son faste et son immoralité. Ce qu'on sait de plus certain sur sa doctrine, c'est qu'il niait la divinité de J.-C. Il ne reconnaissait en lui qu'un homme ordinaire dans lequel le Logos aurait habité et il faisait du Logos une faculté impersonnelle de Dieu, un simple aspect de la pensée divine, ainsi que l'intelligence dans l'homme (5). Modaliste en ce qu'il ne considérait le Verbe et le Saint-Esprit que comme des propriétés divines, Paul de Samosate n'était pas cependant patripassien. C'était bien Jésus qui avait souffert, mais Jésus n'était qu'un homme illuminé par le Verbe. Deux synodes tenus à Antioche (6) même (en 265 et 268) et présidés par Firmilien, évêque de Césarée, hésitèrent à condamner l'hérésiarque qui en imposa à ses juges par son éloquence, sa souplesse d'esprit et la promesse de renoncer à ses erreurs. Un troisième synode se réunit dans cette même ville en 270.

(1) *De Sentent Diony*, cap. XVIII.
(2) *Ibid.*, cap. XVII.
(3) *Ibid.*, cap. XVII.
(4) SCHWANE, I, p. 203 et suiv.
(5) Voir SAINT EPIPHANE, *Hær.*, 65.
(6) *Dict. de th. cath.*, I, col. 1434.

Le prêtre MALCHION « recteur de l'enseignement des écoles helléniques d'Antioche » (1), célèbre par sa science, démasqua l'erreur de l'évêque et soutint contre lui, avec succès, la cause de la vérité. Excommunié, Paul de Samosate fut déposé ; grâce à la protection de la reine Zénobie de Palmyre, dont il avait gagné la confiance, il se maintint cependant sur le siège épiscopal jusqu'à la prise d'Antioche par Aurélien en 272.

Les Pères du concile d'Antioche rejetèrent, il est vrai, l'expression ὁμοούσιος appliquée au Verbe. Ils l'entendaient dans le sens de Paul de Samosate qui lui faisait signifier l'identification du Père et du Verbe et s'en servait pour rejeter toute distinction réelle entre les personnes divines. Peut-être n'avaient-ils point connaissance de l'emploi qu'en avait fait Denys de Rome, dans sa controverse avec Denys d'Alexandrie. Quoi qu'il en soit, l'usage défectueux qu'en faisait l'hérésiarque avait rendu ce terme suspect aux Pères d'Antioche, qui entendaient définir que le Verbe n'est pas une propriété immanente du Père, mais une personne distincte de lui dans l'unité d'essence.

Art. 9.

L'hérésie d'Arius (2).

Malgré cette condamnation, l'erreur paulinienne exerça une certaine influence sur l'Ecole d'Antioche, qui s'ouvrit à la fin du III⁰ siècle et devint bientôt la rivale de celle d'Alexandrie (3) LUCIEN, son fondateur présumé, prêtre d'une grande valeur morale et exégétique, donna au sujet du Verbe, un enseignement franchement subordinatien. Ses tendances pauliniennes le firent exclure de l'Eglise. (4) Parmi ses disciples les « *lucianistes* », l'arianisme devait recruter ses principaux chefs :

---

(1) EUSÈBE H. E., VII, 29 : τῆς τῶν ἐπ᾽ Ἀντιοχείας Ἑλληνικῶν παιδευτηρίων διατριβῆς προεστώς.
(2) *Dict. de th. cath.*, I, vol. 1779 et suiv.
(3) *Ibid.*, col. 1435 et suiv.
(4) Il eut le bonheur de mourir martyr en Nicomédie, vers 341.

Arius, Eusèbe de Nicomédie, Maris de Chalcédoine, Théognis de Nicée, etc... (1).

D'Antioche, Arius (2), libyen d'origine, vint à Alexandrie, au début du IVᵉ siècle. Il y fut ordonné prêtre en 312 et chargé d'une paroisse. C'était un ambitieux, de mœurs austères, de manières séduisantes et d'une intelligence très subtile. A la mort de l'évêque Achillas, le prêtre Alexandre (3) lui fut préféré. Arius profita d'un discours du nouveau patriarche, vers 319, pour proclamer publiquement sa doctrine. Il accusa l'évêque de sabellianisme, lui reprocha d'enseigner que le Verbe était égal au Père et avait la même substance. A l'encontre, il opposait ses conceptions (4) : Il n'y a qu'un Dieu, tellement élevé au-dessus de tout, qu'il ne peut entrer en contact avec ce qui est fini. Il existe seul de toute éternité, seul incréé, ἀγέννητος, seul éternel ἄναρχος. (5) Le Logos n'existait pas encore. Pour créer le monde, Dieu avait donc besoin d'un intermédiaire, d'un démiurge. Il fit d'abord un certain être qu'il nomma Logos, afin de nous créer par lui (6). Il y eut par conséquent un moment où le Logos n'était pas : ἦν ποτε, ὅτε οὐκ ἦν. Il fut fait de rien, de ce qui n'est pas ἐξ οὐκ ὄντων ἐστίν. (7). Créé, engendré γεννητός par le Père, il n'est pas produit de la substance du Père, puisqu'il ne lui est ni égal, ni consubstantiel οὐδὲ γὰρ ἐστιν ἴσος, ἀλλ' οὐδὲ ὁμοούσιος αὐτῷ.(8). Dans sa nature et dans ses propriétés il est entièrement dissemblable d'avec le Père, ἀνόμοιος κατὰ πάντα τῆς τοῦ πατρὸς οὐσίας καὶ ἰδιότητος (9). Il y a par suite trois hypostases ὥστε τρεῖς εἰσιν ὑποστάσεις; les

(1) *Dict. de th. cath*, col. 1790.
(2) Saint Epiphane, *Hœres* : lxix, 1 ; — Socrate : *H. E.* I, 5 à 15 ; — Sozomène, *H. E..* I, 15 à 17 ; — Theodoret : *H. E.*, I, à 8 ; — Schwane, I, p. 207 et suiv., — *Dict. de th. cath.*, col. 1779 et suiv., etc.
(3) *Dict. de th. cath*, col. 764 et 765.
(4) Arius a consigné sa doctrine dans la *Thalie* dont saint Athanase nous a conservé des fragments dans le *De Synodis, Oratio I contra arian.* etc.
(5) *De Synodis*, 16.
(6) *Oratio I, cont. ari*, 5.
(7) De là le nom d'*Exoukontiens*, donné d'abord aux hérétiques par Alexandre : *Epistola encyclica*, nᵒ 6.
(8) *De Synodis*, 15.
(9) *Orat I, cont. ari*. 6.

substances αἱ οὐσίαι du Père, du Fils et du Saint-Esprit sont distinctes, étrangères, sans rapport (1).

« Ainsi l'hérésie arienne est un syncrétisme où se ren- « contrent, revêtus de la dialectique aristotélicienne, des « éléments de provenance diverse, surtout philoniens, « origénistes et lucianistes (2). »

L'évêque d'Alexandrie réfuta l'hérésiarque avec vigueur. « Le Fils est Dieu d'une façon incréée, disait-il dans sa lettre à l'évêque de Constantinople (3), il est « engendré de toute éternité et il est en Dieu sans être « devenu ». Arius refusant de se rétracter, Alexandre réunit, dans le synode tenu vers 320, près de cent évêques d'Egypte et de Libye, qui excommunièrent le fauteur de l'hérésie et ses partisans, deux évêques, cinq prêtres et six diacres. Arius, obligé de quitter Alexandrie, se rend alors en Palestine et en Bithynie et entreprend une vive campagne. Il gagne à sa cause des évêques catholiques, dont plusieurs lucianistes et subordinatiens. Il trouve un appui très sûr dans son ancien condisciple d'Antioche, Eusèbe, évêque de Nicomédie, — prélat influent auprès de Constantia, sœur de l'empereur Constantin,— qui sera de fait le chef du parti arien et qui le protège ouvertement. Cependant le patriarche d'Alexandrie ne cesse de dénoncer la nouvelle hérésie qui se propage. Au dire de saint Epiphane (4), en un seul mois, il expédie plus de 70 lettres de tous côtés. La division était partout et menaçait gravement l'Eglise. Sous l'influence d'Eusèbe, l'empereur Constantin, alors à Nicomédie, intervient, inutilement d'ailleurs, auprès d'Alexandre et d'Arius, en leur reprochant, dans une lettre commune, de troubler la paix pour des futilités ; mais, averti par Osius, évêque de Cordoue, de l'importance de la querelle, et pour mettre fin à une situation qui chaque jour s'aggravait davantage, d'accord avec le pape Sylvestre I, l'empereur convoque à *Nicée*, en Bithynie, à un concile général, tous les évêques de la terre habitée (οἰκουμένη).

____

(1) *Ibid.*
(2) *Dict. de th. cath. : Genèse de la doctrine arienne*, col. 1789-1791. — *Revue Thomiste*, mars 1904, Schwalm : *Les controverses des Pères grecs sur la science du Christ*, p. 14 à 22. *Le Syncrétisme d'Arius.*
(3) *Theodoret*, H. E. 1, 5.
(4) *Hœres*, LXIX, 4.

Art. 10.

Le Concile œcuménique de Nicée (325) (1).

Les évêques se réunirent le 20 mai et les sessions solennelles commencèrent vers le 15 juin. Le concile était présidé par Osius et deux légats romains, Viton et Vincent, représentant le Pape. Près de 318 évêques (chiffre contesté) étaient présents, quelques-uns d'Occident, la plupart des Eglises d'Orient, accompagnés d'un grand nombre de prêtres et de diacres. Le secrétaire du patriarche d'Alexandrie, jeune diacre du nom d'ATHANASE, devait s'y faire remarquer parmi les plus ardents défenseurs de la foi catholique. Une vingtaine d'évêques étaient les partisans d'Arius, et à leur tète Eusèbe de Nicomédie, et Eusèbe de Césarée (en Palestine). L'empereur Constantin assistait au concile et si vive y fut la discussion qu'il crut de son devoir de prendre la parole pour calmer la vivacité des dissentiments.

Arius et ceux de son parti entendus, les Pères pensèrent emprunter à la Sainte Ecriture les termes de leur définition dogmatique ; mais, afin de ne point laisser subsister une équivoque, à la faveur de laquelle les hérétiques pourraient continuer à propager leur erreur, on décida de les obliger à se prononcer nettement pour ou contre la doctrine de l'Eglise. La formule de foi de Grégoire Thaumaturge, présentée par Eusèbe de Césarée et prise comme base de discussion, fut précisée et complétée sur plusieurs points :

1° La Génération du Fils n'est pas une création et le Fils n'est pas une créature du Père. On affirma qu'il est engendré γεννηθείς et non créé οὐ ποιηθείς, qu'il est de Dieu ἐκ τοῦ Θεοῦ, et non pas tiré du néant ἐξ οὐκ ὄντων, qu'il est engendré de l'essence du Père ἐξ οὐσίας τοῦ Πατρός.

C'était la condamnation de l'arianisme et indirectement du monarchianisme sous toutes ses formes : modalisme, patripassianisme, sabellianisme, etc.

2° Le Fils est en tout égal au Père, comme lui éternel, immuable, etc., parce qu'il est de la même substance que

____

(1) ATHANASE : *De Decr. Nic. Syn.* — SCHWANE, 1, p. 214 et suiv. ; — *Dict. de th. cath.*, 1, col. 1794 et suiv.

le Père, inséparablement uni à Lui, quoique personnelle-
ment distinct. Et pour exprimer cette idée, on ne trouva
pas d'expression mieux appropriée que celle de ὁμοούσιος
consubstantiel employée par Denys de Rome contre
Denys d'Alexandrie. Par ce mot, les Pères entendaient
signifier deux choses : — d'abord que le Fils, égal au
Père, ne lui est nullement subordonné ; — ensuite que
cette égalité résulte de ce que le Fils est en tout semblable au Père, parce qu'il est engendré de sa substance
et qu'il est de la même substance.

C'était rejeter tout subordinatianisme et indirectement
le sabellianisme (1). Et le concile frappait d'anathème
les erreurs sur l'origine du Fils, sa personnalité, etc..
Ainsi fut dressé le *Symbole*, dit du *Concile de Nicée*,
qui, avec quelques additions postérieures, est encore
chanté à la sainte Messe.

« Nous croyons en un seul » Dieu Père tout-puissant, » créateur de toutes choses » visibles et invisibles ; » Et en un seul Seigneur » Jésus-Christ, le Fils de » Dieu, seul engendré du » Père, c'est-à-dire de la » substance du Père, Dieu » de Dieu, lumière de lu-» mière, vrai Dieu de vrai » Dieu, engendré, et non » fait, consubstantiel au » Père, par qui toutes choses » ont été faites, dans le ciel » et sur la terre ; qui, pour » nous autres hommes, et » pour notre salut, est des-» cendu, s'est incarné, s'est » fait homme, a souffert, est » ressuscité le troisième » jour, et est remonté aux » cieux, et reviendra juger » les vivants et les morts ;

Πιστεύομεν εἰς ἕνα Θεὸν, πατέρα παντοκράτορα, παντῶν ορατῶν τε καὶ ἀοράτων ποιη-τήν· Καὶ εἰς ἕνα κύριον Ἰησοῦν Χριστόν, τὸν υἱὸν τοῦ Θεοῦ, γεννηθέντα ἐκ τοῦ πατρός μονογενῆ, τουτέστιν ἐκ τῆς οὐσίας τοῦ πατρός, Θεὸν ἐκ Θεοῦ, φῶς ἐκ φωτός, Θεὸν ἀληθινὸν ἐκ Θεοῦ ἀληθινοῦ, γεννηθέντα, οὐ ποιηθέντα, ὁμοούσιον τῷ πατρί, δι' οὗ τὰ πάντα ἐγένετο, τα τε ἐν τῷ οὐρανῷ καὶ τὰ ἐπὶ τῆς γῆς· τὸν δι' ἡμᾶς τοὺς ἀνθρώπους καὶ διὰ τὴν ἡμετέραν σωτηρίαν κατελθόντα καὶ σαρκωθέντα, καὶ ἐνανθρωπήσαντα, παθόντα καὶ ἀναστάντα τῇ τρίτῃ ἡμέρᾳ καὶ ἀνελθόντα εἰς τοὺς οὐρα-νούς, καὶ ἐρχόμενον κρῖναι ζῶντας καὶ νεκρούς·

(1) « Ce mot consubstantiel nie l'identité des hypostases et
« implique la distinction des personnes ; car une chose n'est
« jamais consubstantielle à elle-même, mais toujours à une
« autre ». SAINT BASILE, *Ep.* 300.

» Et en l'Esprit saint.

» Quant à ceux qui disent :
» il fut un temps où le Fils
» n'était pas, — ou : il n'était
» pas avant d'être engen-
» dré, — ou : il a été fait du
» néant, — ou qui disent
» du Fils de Dieu qu'il est
» d'une autre hypostase ou
» substance, — qu'il est une
» créature, — qu'il est chan-
» geant et muable, — la
» sainte Eglise catholique
» et apostolique les déclare
» anathèmes. »

Καὶ εἰς τὸ πνεῦμα ἅγιον ·

Τοὺς δὲ λέγοντας, ὅτι ἦν ποτὲ ὅτε οὐκ ἦν καὶ πρὶν γεννηθῆναι οὐκ ἦν, καὶ ὅτι ἐξ οὐκ ὄντων ἐγένετο, ἢ ἐξ ἑτέρας ὑποστάσεως ἢ οὐσίας φάσκοντας εἶναι, ἢ κτιστὸν ἢ τρεπτὸν ἢ ἀλλοιωτὸν τὸν υἱὸν τοῦ Θεοῦ, ἀναθεματίζει ἡ ἁγία καθολικὴ καὶ ἀποστολικὴ ἐκκλησία.

Tous les évêques, même les Ariens, acceptèrent ce symbole, à l'exception de deux Egyptiens, Secundus de Ptolémaïs et Théonas de Marmorique, qui refusèrent d'y souscrire. Ils furent, avec Arius, excommuniés par le concile et exilés en Illyrie par l'empereur, ainsi que les prêtres qui restèrent leurs partisans. Deux autres évêques, Eusèbe de Nicomédie et Théognis de Nicée, furent à leur tour, cinq mois après, bannis dans les Gaules, pour avoir renoué des intrigues avec les excommuniés.

CHAPITRE III

Art. 1.

Eusébiens et Nicéens.

Le concile de Nicée ne réussit pas, comme on devait l'espérer, à étouffer la nouvelle hérésie dans son germe. Pendant plus d'un demi-siècle, l'arianisme, de l'orient à l'occident, allait bouleverser le monde chrétien, dans des luttes où se mêleraient, aux questions de doctrine, les intérêts politiques, les intrigues déloyales, les passions les plus vives, des mesures barbares et sanglantes. Cette controverse doctrinale ne sera point cependant sans résultat ; en provoquant un développement plus explicite des formules trinitaires, elle permettra à l'Eglise catholique de préciser sa foi. Dogmatiquement vaincu d'une manière définitive au second concile œcuménique, en 381, l'arianisme continuera à se perpétuer par les Visigoths, les Vandales, les Lombards jusqu'à la fin du vII^e siècle.

L'empereur Constantin ne persévéra ni dans son zèle pour la foi de Nicée, ni dans sa rigueur contre les hérétiques. Après trois années d'exil, Eusèbe de Nicomédie et Théognis de Nicée reprenaient possession de leur siège épiscopal et Arius lui-même obtenait sa grâce. Aussitôt les vaincus du concile engagèrent la lutte. Il ne s'agissait rien moins que de discréditer et de faire déposer les chefs des partisans du concile, les *Nicéens ;* — et de réhabiliter et réintégrer Arius dans la communion chrétienne. Pour atteindre ces deux buts, les *Eusébiens* allaient mettre en œuvre leurs influences politiques, propager des soupçons et des accusations calomnieuses, et profiter des équivoques et des malentendus qui résultaient d'une terminologie encore vague et mal définie (1). Les Eusébiens, ou parti des mécontents, — les uns lucianistes, à la suite d'Eusèbe de Nicomédie, les autres origénistes subordinatiens avec Eusèbe de Césarée, — se réunissaient dans une commune hostilité contre l'ὁμοούσιος. Ce fut Eusèbe, évêque *de Césarée*, en Palestine (265-340), qui suscita la discorde. Il avait souscrit au Concile, auquel il avait collaboré et même proposé un symbole (2). Il acceptait le mot « *consubstantiel* » mais l'interprétait à sa façon et l'entendait en ce sens que le fils est en tout *semblable* au Père. Eustathe, évêque d'Antioche, une des lumières de Nicée, l'ayant repris, fut à son tour accusé de sabellianisme. Les Eusébiens se liguèrent contre lui et, sous des prétextes calomnieux, le déposèrent au synode d'Antioche de 330. Le peuple d'Antioche se souleva et, pour rétablir le calme, l'empereur envoya l'évêque mourir en exil dans la Thrace.

Vint ensuite le tour de saint Athanase (3). Avec Eustathe et l'évêque Marcel d'Ancyre, il avait, encore diacre, joué un grand rôle dans le concile. A la mort de son évêque Alexandre, il fut élu, bien que très jeune, — il avait environ trente-trois ans, — pour lui succéder sur le siège patriarchal d'Alexandrie, le 7 juin 328. Pendant 45 ans, il devait, à la face du monde chrétien, être le défenseur du concile de Nicée, ce qui lui valut les attaques et les affronts les plus humiliants ; mais sa constance et sa fermeté le firent triompher de tout et la postérité lui a décerné le titre de *Père de l'orthodoxie*. Sur son refus de recevoir Arius et ses partisans à la communion ecclésiastique, on ne craignit pas de porter contre lui toutes sortes d'accusations, même celle d'as-

______

(1) L'anathème nicéen (ἐξ ἑτέρας ὑποστάσεως ἢ οὐσίας) emploie comme synonymes les termes d'οὐσία et de ὑπόστασις, dans le sens d'essence ou de substance. Ce ne fut que plus tard que l'on distingua les deux termes, l'οὐσία pour la substance, l'ὑπόστασις pour la personne. Le terme d'ὁμοούσιος était donc suspect de sabellianisme pour ceux qui interprétaient déjà l'ὑπόστασις de l'anathème dans le sens de personne.

(2) Bardenhewer, II, p. 20, *Dict. de th. cath.*, I, col. 1795, 1796.

(3) Bardenhewer, II, p. 34 et suiv. ; — Schwane, II, p. 132 et suiv. ; — *Dict. de th. cath.*, I, col. 2,143 à 2.177.

sassinat. Malgré son éclatante disculpation et la comparution inattendue du prétendu cadavre, dans la personne de l'évêque Arsène payé pour se cacher dans un monastère, Athanase fut déposé et banni par l'empereur à Trèves, dans les Gaules ; il resta deux ans en exil (11 juillet 335 au 23 novembre 337).

MARCEL D'ANCYRE (1) donna plus de prise aux coups des Eusébiens. Son enseignement, pour réfuter les Ariens et défendre la consubstantialité, était, au moins dans la forme, entaché de sabellianisme. On lui reprochait de dire que le Logos n'était Fils que d'une manière transitoire par l'Incarnation, et que son règne cesserait avec son œuvre (2). On le déposa et on le fit exiler. Ce fut le sort d'un grand nombre d'autres évêques nicéens qui furent remplacés sur leur siège par des ariens.

Enfin, Eusèbe de Nicomédie intrigua auprès de Constantin pour la réhabilitation de l'hérésiarque. L'empereur fit venir Arius à Constantinople et ordonna au patriarche Alexandre de le réconcilier avec l'Eglise. La résistance énergique du prélat fut vaine. La veille du jour, où les Eusébiens étaient résolus à réaliser leur dessein, Arius mourait lamentablement dans un endroit écarté (336). La même année, à la fin d'août, l'évêque de Constantinople, à son tour, descendait dans la tombe. Paul, prêtre pieux et savant, fut choisi pour lui succéder, à l'exclusion de l'eusébien Macédonius ; mais Eusèbe ayant circonvenu l'empereur, le nouvel élu dut partir en exil.

Ces triomphes successifs encouragèrent les dissidents. Ils tentèrent alors de gagner à leur cause le pape Jules I (337-352). Le pontife, pour faire la lumière, convoqua auprès de lui les deux partis. Un grand nombre d'évêques nicéens déposés se rendirent à cet appel, entre autres Athanase qui subissait alors un second exil (16 août 339 au 21 octobre 346) ; mais les Eusébiens usèrent de faux-fuyants pour s'excuser. Tandis que le

_____

(1) BARDENHEWER, II, p. 14 ; — SCHWANE, II, p. 210 et suiv. : *Dict. de th. cath.*, I, article arianisme *passim*.

(2) C'est contre cette erreur qu'au Concile de Constantinople fut introduite dans le Symbole la formule : « cujus regni non erit finis ».

synode de Rome (341) proclamait l'innocence d'Athanase et de Marcel d'Ancyre, ils réunissaient 97 évêques orientaux à Antioche en un synode dit *de la Dédicace* (1). La fraction eusébienne y était en minorité, mais remuante et influente ; elle fit confirmer la déposition d'Athanase et la condamnation de Marcel d'Ancyre, et cependant ne put empêcher la réprobation de l'arianisme. On formula successivement les quatre propositions de foi suivantes (2), qui ont ces caractères communs, de rejeter les propositions ariennes et d'accuser une tendance anti-nicéenne, tant par l'omission du terme ὁμοούσιος que par la confusion équivoque de la doctrine du Concile avec le sabellianisme de Marcel d'Ancyre :

1° « Nous croyons en un seul Dieu suprême, créateur et
« conservateur de toutes choses, intelligibles et sensibles ;
« — et en un seul Fils, *seul engendré, qui a existé avant*
« *tous les siècles, et est avec le Père qui l'a engendré,*
« καὶ συνόντα τῷ γεγεννηκότι αὐτὸν Πατρί (3), par qui toutes
« choses ont été faites, les visibles et invisibles, qui, aux
« derniers temps, est descendu par la volonté du Père et
« a pris chair de la Vierge... reviendra juger les vivants
« et les morts et *demeure roi et Dieu pour l'éternité* (4) ».

2° La seconde manifestait une préoccupation subordinatienne : « Conformément à la tradition évangélique
« et apostolique, nous croyons en un seul Dieu, Père
« tout puissant, auteur, créateur et conservateur de toutes
« choses, duquel tout provient ; — et en un seul Seigneur
« Jésus-Christ, son Fils, *le seul Dieu engendré*, τὸν
« μονογενῆ Θεόν, par qui tout a été fait, *engendré du*
« *Père avant les siècles, Dieu de Dieu* (5) tout du tout,
« unique de l'unique, parfait de parfait, roi de roi, sei-
« gneur de seigneur, Verbe vivant, sagesse vivante, vraie
« lumière, voie, vérité, résurrection, pasteur, porte,
« *immuable et sans vicissitude* (6), *image adéquate* (7)
« *de la divinité* ἀπαράλλακτον εἰκόνα, *de la substance*

---

(1) ἐν ἐγκαινίοις, à l'occasion de la dédicace de l'Eglise d'or.
(2) S. ATHANASE, *De Synodis*, 22-25.
(3) Contre les Ariens.
(4) Contre Marcel d'Ancyre.
(5) Contre les Ariens.
(6) *Idem*,
(7) Tendance lucianiste et subordinatienne.

« οὐσίας, de la volonté, de la puissance et de la gloire du
« Père, le premier-né de toute la création, qui, au com-
« mencement était en Dieu, Verbe-Dieu, suivant ce qui
« est dit dans l'Evangile : Et le Verbe était Dieu ; par
« qui tout a été fait, et en qui tout subsiste ; lequel, aux
« derniers temps, est descendu d'en haut, est né de la
« Vierge.., etc. » Et, à propos du texte *Baptizantes eos in
nomine Patris et Filii et Spiritus Sancti : « Ces mots ne
« sont pas placés là par hasard ni sans raison, mais ils
« signifient clairement l'*hypostase propre* (1) τὴν οἰκείαν
« ὑπόστασιν, *le rang* et la gloire de chacun de ceux qui
« sont nommés (2) ; ils font voir *qu'ils sont trois par*
« l'hypostase et un par l'union (3), τῇ μὲν ὑποστάσει τρία,
« τῇ δὲ συμφωνίᾳ ἕν... Et si quelqu'un en opposition avec
« l'enseignement manifeste et salutaire de l'Ecriture,
« dit qu'il fut un temps ou une durée quelconque,
« χρόνον ἢ καιρον ἢ αἰῶνα, où le Fils n'était pas engendré,
« qu'il soit anathème (4). Et si quelqu'un appelle le Fils
« créature, comme l'une des créatures, ou engendré,
« comme l'un des engendrés, ou produit comme l'un
« des produits (5), et s'il ne suit pas sur tous ces points
« ce que nous ont transmis les Saintes Ecritures, ou
« qu'il enseigne ou prêche une doctrine différente de celle
« que nous avons reçue (6), qu'il soit anathème ».

Ce symbole était une protestation indirecte contre celui
de Nicée. Les Pères du concile avaient délaissé la Sainte
Ecriture pour se servir de termes philosophiques. On
revenait ici ostensiblement, avec insistance, à la Sainte-
Ecriture, non seulement par le choix et la multiplicité
des expressions scripturaires, mais encore dans les anathèmes qui, à travers l'arianisme, visaient les nicéens.

(1) Terme équivoque, pris au concile de Nicée comme syno-
nyme de substance, et employé dans ce passage et aux lignes
suivantes dans le sens de personne, et non de substance, ce
qui serait le trithéisme.
(2) Tendance subordinatienne.
(3) Expression origéniste et équivoque ; il faudrait non pas
l'union, mais l'unité de substance. La rédaction est nettement
antinicéenne.
(4) Contre les Ariens.
(5) *Idem.*
(6) Allusion au mot « consubstantiel » qui n'est pas dans les
Saints Livres.

3° Une troisième formule fut proposée, qui condamnait plus spécialement Marcel d'Ancyre et toutes les formes de sabellianisme : « Je crois en Dieu, Père tout « puissant... et en son Fils, *le seul engendré*, Dieu-Verbe, « puissance et sagesse, par qui tout a été fait, *engendré* « *du Père avant tous les siècles* (1), Dieu parfait de « Dieu parfait, *existant hypostatiquement en Dieu* (2) « ὄντα πρὸς τὸν Θεὸν ἐν ὑποστάσει, lequel, aux derniers temps, « est descendu, est né de la Vierge... et *demeure éter-* « *nellement* (3)... Pour celui qui pense comme Marcel « d'Ancyre ou Sabellius ou Paul de Samosate, qu'il soit « anathème, lui et tous ceux qui gardent sa communion ».

4° Enfin on rédigea un quatrième symbole que l'on essaya de rendre plus conciliant que les précédents : « Nous croyons en un seul Dieu, Père tout puissant, « auteur et créateur de toutes choses, de qui provient « toute paternité dans le ciel et sur la terre ; — et en « son Fils unique, notre Seigneur Jésus-Christ, *engendré* « *du Père avant tous les siècles* (4), Dieu de Dieu, lumière « de lumière, par qui tout a été créé... qui est Verbe, « sagesse, puissance, vie et vraie lumière ; lequel, aux « derniers temps, s'est fait homme pour nous... *dont le* « *règne sans fin demeure dans les siècles des siècles* (5)... « quant à ceux qui disent : le Fils est du néant, *ou* « *d'une autre hypostase* (6) et non pas de Dieu, et « ceux qui disent : il y eut un temps où il n'était pas, « l'Eglise catholique les regarde comme des étrangers (7) ».

L'attitude de l'orient, vis-à-vis de Rome, dans ce concile ne pouvait qu'augmenter les difficultés. Pour mettre fin à ces discordes l'empereur Constant, probablement sous l'influence d'Osius de Cordoue, conçut le projet d'un concile général. Il détermina son frère Constance à le convoquer, afin de régler d'abord la question d'Athanase et des évêques nicéens, à la fois condamnés par les orien-

(1) Contre les Ariens.
(2) Contre Marcel d'Ancyre.
(3) Contre Marcel d'Ancyre.
(4) Contre les Ariens.
(5) Contre Marcel d'Ancyre.
(6) Il est à remarquer que l'anathème s'inspire visiblement de celui de Nicée et que le mot hypostase est pris ici dans le sens nicéen de substance et non de personne.
(7) Contre les Ariens.

taux et soutenus par les occidentaux, — et de s'entendre ensuite sur un texte définitif, qui fixerait la vraie foi et ne donnerait plus lieu à des symboles aussi différents que répétés.

Le concile se réunit en Mésie à *Sardique* (1) l'an 343. 170 évêques étaient présents dont 76 Eusébiens et 94 orthodoxes parmi lesquels Athanase, Marcel d'Ancyre et d'autres Nicéens. Les Eusébiens émirent la prétention, comme condition préalable, de faire accepter les décisions de leurs synodes, en conséquence de ne pas laisser revenir sur la déposition d'Athanase et de Marcel, affaire déjà jugée. On ne put s'entendre. Les Eusébiens se retirèrent sur-le-champ et se réunirent en synode à Philippopolis, en Thrace.

Le concile de Sardique justifia les évêques nicéens, les réintégra dans leurs fonctions, excommunia et déposa les principaux chefs eusébiens et maintint la formule de Nicée. Il affirmait l'éternité du Fils et de son règne, reconnaissait une certaine supériorité dans le Père « *non pas en vertu d'une substance autre*, ou d'une « diversité quelconque, mais eu égard *au nom* de Père « qui est plus grand que celui de Fils », et, employant le terme « hypostase » dans le sens nicéen de substance, en déclarait l'unité en trois personnes divines μίαν ὑπόστασιν.

De son côté le synode de Philippopolis anathématisait le pape et avec lui les évêques réunis à Sardique, rééditait la 4ᵈ formule du concile de la *Dédicace* d'Antioche, et l'augmentait d'un anathème contre « ceux qui « disent... que Dieu le Père ne l'a pas engendré (le Fils) « par son conseil et sa volonté, οὐ βουλήσει οὐδὲ θελήσει ». Ceci à l'adresse d'Athanase, qui repoussait cette expression origéniste et enseignait, à bon droit, que le Fils est engendré de la substance du Père ἐκ τῆς οὐσίας τοῦ Πατρός (2).

Au lieu de la paix désirée par l'empereur, c'était la division encore plus accentuée. Les Ariens allèrent jusqu'à tendre des pièges répugnants, pour pouvoir accuser d'immoralité les évêques de Capoue et de Cologne, et mettre à

(1) Aujourd'hui Sophia, en Bulgarie.
(2) *Oratio III contr. Arian.* 62.

mort Athanase. Constance ouvrit une enquête sur ces faits au synode d'Antioche de 344. On y rédigea par la même occasion une *longue* profession de foi, ἔκθεσις μακρόστιχος, qui reproduisait la 4ᵉ formule de la Dédicace avec de nouveaux anathèmes et de longues explications doctrinales à leur sujet. On y constate cependant une certaine « évolu-« tion des idées chez les antinicéens. Ainsi en parlant « des trois personnes divines, ils emploient l'expression « conciliante de τρία πρόσωπα (1) ; ils proclament le Fils « semblable au Père en toutes choses τῷ Πατρὶ κατὰ πάντα « ὅμοιον (2) et affirment que les deux sont inséparables : « *en sorte que tout le Père renferme le Fils en son sein,* « *et que tout le Fils dépend du Père, lui est adhérent* « *et seul se repose continuellement dans le Père.* Ils « confessent enfin, malgré des expressions empreintes « de subordinatianisme qu'il y a en eux une même excel-« lence divine, ἐν τῆς Θεότητος ἀξίωμα » (3). Enfin ils maintiennent contre saint Athanase que le Père engendre le Fils par sa volonté.

Constant avait pu réaliser une certaine accalmie ; mais à sa mort (350) la lutte recommença plus vive. Les Eusébiens s'attaquèrent de nouveau à Athanase. Constance, qui leur était favorable, les réunit en synode à *Sirmium* (fin de 351 ou commencement de 352). On élabora une nouvelle profession de foi, dite *première formule* de Sirmium. C'était toujours le 4ᵉ symbole de la Dédicace, complété par 27 anathèmes, dont l'un franchement subordinatien. « Nous ne plaçons pas le Fils sur la même ligne que le Père, mais nous le subordonnons au Père » (4).

Cependant l'influence des dissidents s'étendait en Occident, jusque dans les Gaules. Successivement les conciles d'Arles (353), de Milan (355) prononçaient la condamnation et la déposition d'Athanase. Les évêques qui refusèrent de souscrire à ce jugement furent exilés

---

(1) Dans le sens de personne, et non dans celui de modalité ou de manifestation, comme l'entendait Sabellius, qui est condamné dans un des anathèmes.

(2) C'est le semi-arianisme d'Eusèbe de Césarée qui se fait jour. Voïr *infra*, p. 51.

(3) *Dict. de théol. cath.* I, col. 1815.

(4) 18ᵉ anathème.

et parmi eux saint HILAIRE de Poitiers, Osius de Cordoue et le pape Libère. Sur l'ordre de l'empereur, dans la nuit du 8 au 9 février 356, cinq mille soldats entourèrent l'église d'Alexandrie où se trouvaient Athanase et ses fidèles et firent irruption jusque dans le sanctuaire. Le sang coula sur le pavé du temple ; mais Athanase resta inébranlable sur son siège. Il ne fut sauvé que grâce à ses prêtres qui l'entraînèrent de force. Pour la troisième fois, il reprenait le chemin de l'exil, réduit à s'enfuir dans le désert (9 février 356 au 21 février 362).

Le parti antinicéen triomphait. En Orient, les principaux sièges épiscopaux étaient occupés par des Ariens ou des Eusébiens. En Occident, le pape et les évêques les plus réputés étaient en exil.

Art. 2.

La doctrine trinitaire de saint Athanase et de saint Hilaire.

Les six années qu'Athanase passa en exil ne furent pas perdues pour la cause de la foi. Toujours fugitif et toujours poursuivi, errant de désert en désert, il restait l'âme de la résistance à l'hérésie triomphante. « Apprenait-on que ses ennemis étaient sur ses traces ? Une « barque sur le Nil, une caravane furtive à travers les « sables, emportait l'exilé vers un nouvel abri. Pendant « ses haltes, retiré dans une hutte de fellah, dans quelque « caverne naturelle ou quelque hypogée abandonné, il « traçait à la hâte, sur un papyrus, ces apologies en- « flammées, ces traités dogmatiques, qui, colportés par « des mains sûres, allaient faire trembler ses adversaires « et raffermir les fidèles. Toutes les nouvelles arrivaient « jusqu'à lui. Qu'il errât aux environs de sa ville « d'Alexandrie, parmi les reclus de la Basse-Égypte, sur « les montagnes de Nitrie, dans le désert des Cellules, ou « vers la lointaine Scété ; qu'il remontât d'étape en étape « le long du Nil, là « où les derniers monastères se « perdent dans la solitude, comme la source même du « fleuve, » partout il était tenu au courant des événe- « ments : il n'était pas d'homme mieux averti, et plus « prêt toujours à rentrer en scène que cet éternel fugitif.

« Patriarche invisible, de ses changeantes retraites il
« gouvernait son troupeau (1). »

Son ouvrage capital (2), à cette époque de sa vie,
furent ses *Quatre livres contre les Ariens*. Le premier
est consacré à exposer la doctrine arienne et à prouver,
contre elle, la génération éternelle du Fils et la consubstantialité du Père et du Fils ; le second et le troisième, à
l'explication des passages des Saintes Ecritures qui se
rapportent à cette question ; le quatrième, à établir la
distinction personnelle du Père et du Fils, et à repousser la séparation de nature. Le Fils, enseigne Athanase,
n'est pas une créature. Il est vraiment Fils, c'est-à-dire
engendré de Dieu, parfaitement égal et semblable à lui.
« *Le propre du fils, c'est de venir de moi, de ma propre*
« *substance, de m'être semblable, si bien que je suis tout*
« *entier en lui* (3). » Produit de la substance même du
Père, on ne peut donc pas dire que le Fils a été engendré
par la libre volonté du Père. « *Ce qui n'était pas aupa-*
« *ravant et qui vient du dehors, voilà ce que Dieu veut*
« *d'une volonté libre, mais son propre Logos qu'il pro-*
« *duit de sa propre substance, il n'en fait pas l'objet de*
« *son vouloir libre antécédent.* (4) » Il s'ensuit donc que
le Fils est éternellement engendré : « *Comment ne serait-*
« *ce pas une impiété de dire qu'il fut un temps où le Fils*
« *n'était pas ? Cela signifierait qu'il fut un temps où la*
« *source desséchée était sans vie et sans sagesse* (5). »
Bardenhewer (6) résume ainsi la doctrine trinitaire
d'Athanase : « Dieu sans doute est un ; mais cette unité
« renferme une trinité. Il n'y a qu'une seule nature

(1) Paul Allard : *Saint Basile*, p. 30. — Paris. Lecoffre, 4ᵉ
édit.

(2) *Le Symbole de saint Athanase* ou *Quicumque* est d'un
auteur postérieur. Voir *infra*. T. II, p. 14.

(3) *Orationes IV adv. arian.* I, 26. ὁ δὲ υἱός ἔξ ἐμοῦ ἐστι,
καὶ τῆς ἐμῆς οὐσίας ἴδιος καὶ ὅμοιος... διὸ καὶ ἐν ἐκείνῳ ὅλος
εἰμὶ μένων αὐτὸς ὁ εἰμι.

(4) *Orat.*, III, 61. Τὰ μὲν γὰρ μὴ ὄντα ποτέ, ἀλλ' ἔξωθεν ἐπιγι-
νόμενα ὁ δημιουργὸς βουλεύεται ποιῆσαι · τὸν δε ἴδιον Λόγον
ἐξ αὐτου φύσει γεννώμενον οὐ προβουλεύεται.

(5) *Orat.*, I, 19 : Πῶς τοίνυν οὐκ ἀσεβεῖ ὁ λέγων · ἦν ποτε ὅτε
οὐκ ἦν ὁ Υἱὸς; ἴσον γὰρ ἐστιν εἰπεῖν · ἦν ποτε ὅτε ἡ πηγή ξηρὰ
ἦν χωρὶς τῆς ζωῆς καὶ τῆς σοφίας.

(6) II. p. 46

« divine, avec trois personnes distinctes (1). Les termes
« de Père et de Fils sont corrélatifs (2). Or, le Fils n'a
« pas été tiré du néant ; il n'a pas été non plus produit
« par un acte libre de la volonté du Père ; en sorte que
« la Filiation du Sauveur n'a rien de commun avec la
« filiation des créatures (3). Le Fils est éternel aussi bien
« que le Père, il a été dans tous les temps (4). Comme
« le Père, dont il possède par son propre caractère toute
« la substance (5), le Fils possède toute la plénitude de
« la divinité (6). Ils sont deux, le Père et le Fils ; mais
« il n'y a qu'une nature, et dans l'unité de la nature
« divine, nulle ombre d'une division (7). Mais l'Esprit
« de Dieu participe à sa Divinité et à sa puissance (8).
« Le Saint-Esprit a pour principe (πηγή) le Fils, qui est
« avec le Père (9). Le Saint-Esprit est inséparable du
« Père et du Fils (10) ; il est avec le Père et le Fils une
« seule et même substance (11). Il n'y a par conséquent
« qu'une seule nature divine et un seul Dieu en trois
« personnes (12). »

Comme Athanase en Orient, HILAIRE, évêque de Poitier († 368), était en Occident le défenseur de la foi catholique. Lors de la condamnation d'Athanase dans les conciles d'Arles (353) et de Milan (355), Hilaire se leva pour la défense de l'orthodoxie et du patriarche d'Alexandrie. « Il remplit la Gaule entière de l'explosion d'une « surprise indignée (13). » Déposé à son tour, au concile de Béziers (356), il fut exilé en Phrygie. Les quatre années qu'il passa loin de la Gaule furent fécondes. Il profita de son séjour en Asie pour travailler à la paix, à l'union, et gagner les hérétiques à la foi nicéenne. Il

(1) *Orat.* I, 13; *Ep. ad. Jov.* ch. IV.
(2) *Orat.* III, 6 : *De Dec. Nic. Syn.*, ch. XXX.
(3) *Orat.*, III, 62.
(4) *Ibid.*, I, 14.
(5) *Ibid.*, I, 16.
(6) *Ibid.*, III, 6.
(7) *Ibid.*, III, 4, et IV, 1.
(8) *De Incarnat.*, IX.
(9) *Ibid*, IX.
(10) *Tom. ad. Ant.* V.
(11) *Ep. ad. Serap.* I, 27.
(12) *De Incarn.*, X.
(13) DE BROGLIE, « *L'Eglise et l'Empire romain au IV⁰ siècle,* 2⁰ partie t. I, chap. IV, la persécution arienne.

prit part au concile de Séleucie (1) ; mais son apostolat gêna et troubla les Ariens qui intriguèrent pour le faire bannir comme « perturbateur de l'Orient » et renvoyer en Gaule (2).

Ce fut pendant ses années d'exil, de 356 à 359, qu'il écrivit son ouvrage principal, dont la composition fut plusieurs fois interrompue, *De Trinitate libri XII*, intitulé avant le vi^e siècle *De fide adversus Arianos* (3). Au début du premier livre, l'évêque de Poitiers raconte sa conversion provoquée par le besoin de connaître Dieu, et « trace le sommaire de son traité... au second « livre, Hilaire traite de l'éternelle génération du Verbe, « dont il prouve la consubstantialité dans le troisième « livre. Le quatrième, le cinquième, le sixième et le « septième livre combattent les hérésies antitrinitaires. « Le huitième montre que le dogme de la divinité du « Fils ne contredit en rien celui de l'unité divine. Au « neuvième livre, Hilaire repousse les objections que « l'hérésie arienne soulevait contre l'éternelle génération « du Verbe. Le dixième et le onzième livres ont pour « but de concilier, avec le dogme de la divinité du Sau- « veur, les textes du Nouveau Testament qui racontent « sa douloureuse agonie. Au début du douzième livre, « Hilaire, qui se plaît aux images tirées de la navigation, « salue le port où enfin il va entrer. Dans ce livre final, « il s'attache à écarter tout langage et toute pensée qui « ravaleraient et fausseraient la notion exacte de l'éter- « nelle génération du Verbe. Il y défend ensuite, comme « il l'avait déjà fait précédemment, le dogme de la di- « vinité du Saint-Esprit (4). »

Comme Tertullien, il opéra un travail de précision et « grâce à lui, il arriva que la terminologie se trouva « mieux fixée dans la langue latine que dans la grec- « que (5) ». Il affirme on ne peut plus nettement l'unité

---

(1) Voir infra, p. 55.

(2) « Quasi discordiæ seminarium et perturbator orientis re- « dire ad Gallias jubetur absque exilii indulgentia. » SULPICI. SEVERI, *Chroni.* II, 45, 3.

(3) BARDENHEWER, II, p. 270 et suiv. ; — SCHWANE, II, p. 180 et suiv. ; — LARGENT : *Saint Hilaire*, dans la collection : Les Saints ; Lecoffre.

(4) LARGENT : *Saint Hilaire*, p. 44.

(5) SCHWANE, II, p. 183.

de substance : « *Dieu le Père et Dieu le Fils ne font ab-*
« *solument qu'un, non par l'union de personne, mais*
« *par l'unité de substance* (1). » Par suite de cette identité
de nature, le Père et le Fils : « *se compénètrent récipro-*
« *quement ; parce que tout est parfait dans le Fils*
« *unique, comme tout est parfait dans le Père inengen-*
« *dré… et telle n'est pas la nature des choses matérielles*
« *qu'elles se compénètrent ainsi (ut insint)* (2). » Et cependant les personnes sont distinctes par leurs attributs
propres. Le Fils est engendré du Père dans l'unité de
nature ; ce qui est né de Dieu ne peut être que Dieu et
un seul et même Dieu à cause de l'indivisibilité de la
substance divine. Cette génération n'est « *ni un partage,*
« *ni une diminution, ni une émanation, ni une exten-*
« *sion, mais la production d'un être vivant par un être*
« *vivant* (3). » Éternel, le Père doit avoir un Fils de toute
éternité ; cette génération est donc un acte éternel, etc.
Aussi a-t-on pu dire de l'évêque de Poitiers, en le com-
parant aux Pères latins : « L'œuvre d'Hilaire dépasse
« celle de ses prédécesseurs par l'exactitude de la doc-
« trine et par l'ampleur de l'exposition. A la différence
« de plusieurs de ses devanciers anténicéens, Hilaire
« parle du dogme trinitaire avec une justesse irrépré-
« hensible ; il se garde des paradoxes de langage et de
« pensée où Tertullien s'était quelquefois emporté (4). »

Art. 3.

Scissions dans le parti antinicéen.

Tant qu'il s'était agi de lutter contre Athanase et les
partisans du concile de Nicée, de repousser le terme

(1) *De Trinitate*, IV, 42 : « absolute Pater Deus et Filius
« Deus unum sunt, non unione personæ sed substantiæ uni-
tate. » — « Non persona Deus unus est, sed natura. » *De Synod.*,
c. LXIX.

(2) *De Trinitate*, III, 4 : « Ita in se invicem ; quia ut omnia
« in ingenito patre perfecta sunt, ita omnia in Filio unigenito
« perfecta sunt » ; — IX, 51, « non est corporalium naturarum
« ista conditio, ut insint sibi invicem. »

(3) *De Trinit.*, III, 35 : « Est enim unus ex uno. Non est por-
« tio, non est defectio, non est diminutio, non derivatio, non
« protensio, non passio ; sed viventis naturæ ex vivente nativi-
« tas est. »

(4) LARGENT, *op. cit.*, p. 45.

ὁμοούσιος comme suspect de sabellianisme, les antinicéens avaient réalisé une union facile. Maintenant qu'ils
triomphaient il leur devenait impossible de s'entendre,
de formuler leur foi et on allait les voir s'excommunier
les uns les autres et succomber dans des discussions stériles. Les diverses tendances qui se manifestaient parmi
eux donnèrent lieu à trois groupes principaux et inconciliables :

1° *Ariens régides ou Anoméens.* — Ces disciples rigoureux d'Arius, qui ne formèrent d'ailleurs qu'une
faible minorité, enseignaient, comme l'hérésiarque, que
le Fils est une créature tirée du néant ἐξ οὐκ ὄντων, —
d'une autre substance que le Père, ἑτεροούσιος ; — et
qu'il lui est en tout dissemblable ἀνόμοιος καὶ κατὰ πάντα
καὶ κατ' οὐσίαν ; de là leurs noms d'Exoukontiens, Hétérousiens, Anoméens. Leur chef fut d'abord Aërıus, successivement forgeron, médecin, philosophe et diacre,
puis Eunomıus, plus tard évêque arien de Cyzique en
Mésie (1) ; ce qui les fit désigner encore sous le nom
d'Aëtiens ou d'Eunomiens.

2° *Semi-Ariens* ou *Homoïousiens.* — Successeurs et
disciples des Eusébiens, les Semi-Ariens, comme les
dénomme saint Epiphane (2), reprochaient à l'expression ὁμοούσιος, *consubstantiel,* d'être nouvelle, inusitée
dans la Sainte Ecriture et empreinte de sabellianisme. Ils
lui substituaient celle d'ὁμοιούσιος, c'est-à-dire semblable
en substance, d'*essence semblable,* ce qui leur valut
l'appellation d'Homoïousiens. Ils reconnaissaient la divinité du Verbe, avec des nuances différentes qui n'étaient
peut-être que le prolongement des tendances lucianistes
et origénistes des Eusébiens ; ceux-ci repoussaient le
terme nicéen qui ne marquait pas assez nettement à
leur gré la distinction des personnes divines ; ceux-là
n'admettaient entre elles, à l'encontre des Anoméens,
qu'une similitude parfaite ὅμοιος κατὰ παντὰ καὶ κατὰ τὴν
οὐσίαν, et par suite subordonnaient le Fils au Père.

3° *Acaciens* ou *Homéens.* — « Groupe de moyen
« terme, ayant des intelligences dans l'un et l'autre
« camp, parti moins doctrinal que politique (3) », les

(1) *Dict. de th. cath..* I, col. 516 ; 1322-1325 ; 1822.
(2) *Hærès.* 73. ἡμιάρειοι.
(3) *Dict. de théol. cath.,* I, col. 1823.

Acaciens, ou disciples d'Acace le Borgne, successeur
d'Eusèbe sur le siège épiscopal de Césarée de Palestine,
« se séparaient des orthodoxes par le rejet du mot
« ὁμοούσιος, consubstantiel ; — des semi-ariens, par celui
« de l'ὁμοιούσιος, semblable en substance ; — des ano-
« méens, par celui de l'ἀνόμοιος, dissemblable. Ils s'en
« tenaient au terme d'ὁμοιος, semblable, d'où leur autre
« nom d'homéens (1) » ; et enseignaient que le Fils est
semblable au Père par la volonté et les œuvres, mais
non par la substance.

Chacune de ces fractions cherchait à prévaloir. L'ère
des dissensions intestines, de l'anarchie doctrinale était
ouverte. L'arianisme allait à sa ruine. L'occasion des
divisions fut le synode de *Sirmium* (357). Des Ariens
d'Occident, favorables à la doctrine anoméenne, y élabo-
rèrent un symbole, connu sous le nom de *seconde for-*
mule de Sirmium. On rejetait et prohibait les termes
d'ὁμοούσιος et d'ὁμοιούσιος, qui ne se trouvent pas dans
la Sainte Écriture et donnent lieu à des controverses,
et on proclamait nettement la subordination du Fils
à l'égard du Père.

« Comme on le sait d'après la foi du monde catho-
« lique, disait ce symbole que nous a conservé saint
« Hilaire (2), il n'y a qu'un Dieu, tout-puissant et
« Père ; pareillement il n'y a qu'un Fils unique de
« Dieu, notre Seigneur et Sauveur, engendré de lui
« avant tous les siècles. On ne peut, en aucune manière,
« enseigner qu'il y a deux Dieux... Et comme les termes
« οὐσία, ὁμοούσιος et ὁμοιούσιος troublent certains ou
« même beaucoup de fidèles, il ne faut plus en faire
« mention, et personne ne devra plus les enseigner,
« parce qu'ils ne sont pas scripturaires, et que le mode
« dont se fait la génération du Fils dépasse l'intelligence
« humaine... Il est hors de doute que le Père est plus
« grand ; il surpasse le Fils en honneur, en dignité,
« en gloire, en majesté et par son nom même de Père ;
« c'est l'exprès témoignage du Fils dans saint Jean, xiv
« 28. Celui qui m'a envoyé est plus grand que moi... »
Aussitôt les protestations surgirent. La consécration

(1) *Dict. de th. cath.* I, col. 290.
(2) *De Synod.* 11.

d'une église à Ancyre, en 358, permit aux Semi-Ariens d'y tenir un synode. Ils se prononcèrent contre les Anoméens, en affirmant que le rapport du Père et du Fils est un rapport d'essence et non une ressemblance indéterminée ; — contre les Sabelliens, en repoussant l'identité du Père et du Fils ; — contre les Nicéens en rejetant la consubstantialité ; — et se déclarèrent Homoïousiens :

« Quiconque appelle ἀνόμοιος le Verbe unique de
« Dieu... quiconque dit que le Fils est dissemblable
« d'avec le Père, quant à la substance οὐσία... quiconque
« dit que le Fils n'est qu'une créature κτίσμα... qui-
« conque ne reconnaît de ressemblance entre le Père et
« le Fils que sous le rapport de l'activité et non sous
« celui de la substance... quiconque croit que le Père est
« devenu Père du Fils dans le temps... quiconque dit
« que le Fils est né seulement de la volonté ἐξουσία,
« et non pas également de la volonté et de la substance
« du Père, καὶ μὴ ἐξουσίᾳ ὁμοῦ καὶ οὐσίᾳ Πατρός... qui-
« conque appelle le Fils consubstantiel ou étant d'une
« même substance ὁμοούσιον ἢ ταυτοούσιον — qu'il soit
« anathème (1). »

Puis ils gagnèrent l'empereur à leur cause. Un nouveau synode fut réuni à *Sirmium* (358) où l'on promulgua la *troisième formule* (2) de Sirmium qui était la reproduction du second ou quatrième symbole de la Dédicace à Antioche et du décret qui, en 270, avait rejeté le terme ὁμοούσιος employé par Paul de Samosate. Soixante-dix Anoméens, parmi lesquels Aëtius et Eunomius, furent exilés ; mais bientôt rentrés en faveur auprès de Constance, qui projetait la convocation d'un concile œcuménique, afin de rétablir la paix et l'union, les Anoméens, dans la crainte d'une fusion entre les Nicéens et les Semi-Ariens, suggérèrent à l'empereur de diviser l'épiscopat en deux assemblées. Les Occidentaux seraient convoqués à Rimini sur l'Adriatique, les Orientaux à Séleucie, en Isaurie et on leur soumettrait un texte sur lequel devait se faire l'accord. Dans la nuit du 22 mai 359, la rédaction en fut élaborée de concert par les Ano-

(1) Saint Hilaire : *De Synod,* 90.
(2) Celle à laquelle souscrivit le pape Libère.

méens et les Homoïousiens. C'est la *quatrième formule de Sirmium*, ou « credo daté » (1).

« Nous croyons, disait ce texte, en un seul vrai Dieu, « Père tout-puissant, créateur et démiurge de toutes « choses, et un Fils unique de Dieu, engendré du Père « d'une manière impassible, avant quoi que ce soit qu'on « puisse concevoir, siècles, commencement, temps... « unique, engendré, né seul du Père seul, Dieu de Dieu, « *semblable* au Père qui l'a engendré, suivant les Ecri- « tures... Quant au mot οὐσία employé ingénument par « les Pères, comme il a été mal compris des fidèles et « qu'il les a scandalisés, et que d'un autre côté, il ne se « trouve pas dans les Ecritures, il a été décidé qu'on le « mettrait de côté, et qu'à l'avenir il ne serait plus ques- « tion d'οὐσία à propos de Dieu... mais nous disons le « Fils *en tout semblable* au Père ὅμοιον κατὰ πάντα, « comme les Saintes Ecritures le disent et l'enseignent. » La formule était semi-arienne.

A la fin de mai 359, plus de quatre cents évêques d'Occident étaient réunis à *Rimini*, dont quatre-vingts Anoméens. Bien loin d'adopter le symbole proposé, les Pères renouvelèrent les décrets de Nicée, prononcèrent la déposition des Ariens et chargèrent une ambassade de communiquer leurs décisions à Constance. Prévenu à l'avance par les dissidents, l'empereur imposa une longue attente aux députés du concile et ne leur ac- corda une audience que le 10 octobre à *Niké* (en Thrace, près d'Andrinople). Il les obligea à souscrire à la for- mule de Sirmium, modifiée sur deux points : le Fils était simplement déclaré semblable au Père suivant les Ecritures et les mots κατὰ πάντα supprimés ; — l'ex- pression nicéenne μία ὑπόστασις, appliquée à la Trinité, était prohibée. Par la ruse, la menace, la violence, on triompha des prélats orthodoxes de Rimini. Après bien des résistances, ils finirent par céder. Vingt refusaient encore de souscrire. Les Anoméens les jouèrent avec une cynique mauvaise foi et extorquèrent leur adhésion. Pour la paix de leur conscience, les derniers opposants

(1) Saint Athanase, *De Synod*, 8. Le patriarche d'Alexandrie releva cette innovation et fit remarquer qu'il était contraire à l'usage de l'Eglise, qui considère le symbole de la foi comme immuable, d'assigner une date à une formule dogmatique.

crurent devoir mentionner qu'ils entendaient condamner Arius et sa doctrine, et affirmer l'éternité du Fils et son égalité avec le Père (1).

A *Séleucie*, sur cent soixante évêques, cent dix étaient Homoïousiens, dix seulement Nicéens, parmi lesquels saint Hilaire, alors en exil. Acace de Césarée y formula la doctrine homéenne :

« Comme les mots consubstantiel, ὁμοούσιος, et sem« blable en substance, ὁμοιούσιος, ont causé beaucoup de « trouble et que quelques-uns ont récemment in« nové en appelant le Fils dissemblable au Père ἀνόμοιος, « nous rejetons les mots consubstantiel, semblable en « substance comme n'étant pas dans la sainte Ecriture « et nous anathématisons celui de dissemblable; nous « professons que le Fils est *semblable* au Père ὅμοιος « conformément à ce que dit l'Apôtre qui l'appelle une « *image* de Dieu invisible. » La pensée des homéens était que le Fils est semblable au Père non par la substance, mais par la volonté (2).

Quarante évêques seulement acceptèrent cette formule et le concile de Séleucie ne put aboutir. Les députés adressés à Constance furent contraints, comme ceux de Rimini, d'accepter le texte de Niké. Influents près de l'empereur, les Homéens obtinrent au début de 360 la réunion d'un synode à Constantinople. Quelques Anoméens y furent condamnés et le parti Semi-Arien complètement décimé : un grand nombre d'évêques Homoïousiens furent déposés et exilés. Les Acaciens triomphaient quand mourut Constance (3 novembre 361).

Art. 4.

La querelle des Trois hypostases et la décadence de l'Arianisme.

Du fond de son exil, aussitôt après le concile de Séleucie, Athanase publiait sa lettre *De synodis* (359).

(1) « Ingemuit totus orbis et arianum se esse miratus est. » Saint Jérome, *Dial. adv. Lucif*, 19. Les Evêques ne purent rentrer dans leur diocèse qu'en désavouant leur faiblesse, suivant l'ordre du pape Libère qui cassa les décrets du concile de Rimini.

(2) Saint Hilaire, *Cont. Constant*, 14.

Il notait la multiplicité et la diversité des formules ariennes qui, depuis 18 ans, se succédaient presque d'année en année (1), et, à l'instabilité de toutes ces professions de foi, il opposait la fixité de la doctrine orthodoxe de Nicée ; il terminait en faisant de discrètes ouvertures aux opposants : « Nous ne devons pas regarder « comme ennemis ceux qui admettent tous les décrets « de Nicée, et qui ne sont en doute qu'au sujet du « terme ὁμοούσιος (2) ». C'était le cas d'un grand nombre d'Homoïousiens qui partageaient la foi des Nicéens et n'étaient séparés que par une question de mot.

Julien, le nouvel empereur, avait proclamé la liberté de tous les cultes et rappelé d'exil les évêques bannis. A peine remonté sur le siège d'Alexandrie (21 février 362), Athanase convoqua un synode dans sa ville épiscopale pour préparer l'union. Vingt et un évêques y vinrent d'Italie, d'Arabie, d'Egypte et de Libye. Leur petit nombre ne diminua pas l'importance de ce « concile des Confesseurs ». On eut d'abord à s'occuper de la *querelle des trois hypostases*. Après le Concile de Nicée, celui de Sardique avait enseigné une seule hypostase en trois personnes μίαν ὑπόστασιν (3). De là venait le désaccord. Les latins traduisaient ὑπόστασις par *substantia ;* ils n'admettaient point qu'on pût dire qu'il y avait en Dieu trois hypostases ou trois substances ; ce qui était l'erreur trithéiste. Les Grecs gardaient au mot οὐσία la signification d'*essentia ;* ils entendaient celui d'ὑπόστασις dans le sens de *subsistentia ;* ils repoussaient l'expression, — acceptée cependant par le synode d'Antioche de 344 (4) — τρία πρόσωπα, parce que les sabelliens l'employaient dans le sens de modalité ou de manifestation passagère de la divinité. Il ne leur restait donc pour caractériser la personnalité distincte de chacune des personnes divines que le mot ὑπόστασις. Par leur terminologie, ils paraissaient se séparer du concile

----

(1) SAINT HILAIRE s'était aussi élevé contre ces symboles qui se suivaient d'année en année, de mois en mois « : annuas « atque menstruas de Deo fides decernimus » *ad Constant. imper*, II, 5.

(2) *De Synod*, 41.

(3) Voir *supra*, p. 44.

(4) Voir *supra*, p. 45.

de Nicée ; en réalité, leur formule de foi était orthodoxe ; par trois hypostases ils entendaient trois personnes distinctes en une seule substance. Ces explications entre orientaux et occidentaux firent disparaître
l'équivoque. On convint que chacun pourrait garder sa
façon de s'exprimer et employer l'hypostase pour désigner l'Unité ou la Trinité, à condition qu'on écartât
aussi bien le trithéisme que le sabellianisme. Et on
tomba d'accord pour s'en tenir au concile de Nicée et
ne pas élaborer de nouvelles formules (1).

Le synode examina ensuite les conditions à imposer
aux hérétiques pour leur réconciliation. Il fut décidé
qu'on se contenterait d'exiger d'eux la condamnation de
la doctrine arienne et l'adhésion pure et simple au
symbole de Nicée (2). Ce synode pacificateur eut des
conséquences importantes tant au point de vue doctrinal qu'à celui de la renaissance nicéenne. Il « décida
le retour du monde à l'orthodoxie » (3). En Occident,
des centaines d'évêques égarés par faiblesse ou par igno-
rance revenaient à la vérité et l'arianisme disparaissait
presque entièrement. En Orient, les adhésions se multi-
pliaient, mais avec moins de rapidité.

Favorable aux Anoméens, Julien l'Apostat ne pouvait voir qu'avec déplaisir l'influence grandissante
d'Athanase. Pour la 4ᵉ fois, le saint patriarche repartit
en exil (24 octobre 362). Un an après, à la mort de
l'empereur, il rentrait de nouveau dans sa ville épiscopale. Cependant le retour à la foi nicéenne s'accentuait
chaque jour. En 363, les Homéens, réunis à Antioche,
adhéraient au concile de Nicée :

« Nous acceptons et gardons fermement la foi du saint
« concile jadis assemblé à Nicée, déclaraient-ils à
« Jovien, empereur orthodoxe. Car le mot ὁμοούσιος, qui
« déplaît à quelques-uns, a été expliqué et interprété
« comme il faut par les Pères eux-mêmes ; il signifie
« que le Fils a été *engendré de la substance du Père*, et
« qu'il lui est semblable selon la substance. Non que
« l'on conçoive rien de passible dans la génération inef-

(1) Athanase : *Tomus ad Antioch*, 5, 6.
(2) *Ibid.*, 8.
(3) Revillout : *Le concile de Nicée*, I, p. 3.

« fable, ou que l'on emploie le mot οὐσία, selon l'usage
« de la langue grecque ; mais on veut renverser ce que
« l'impie Arius a osé dire du Christ, à savoir qu'il a été
« tiré du néant ; ce que les anoméens, qui se sont élevés
« depuis peu, répètent avec plus d'insolence encore pour
« détruire la concorde de l'Eglise (1) ». Cette déclaration
était plus politique que sincère, comme il parut à
l'avènement de Valens. Protégés par ce nouvel empereur, les Homéens recommencèrent leurs intrigues.
Nicéens, Homoïousiens, Anoméens furent persécutés et
bannis. Une cinquième fois, Athanase était chassé de sa
ville épiscopale (365-366). Cinq mois ne s'étaient pas
écoulés que le décret impérial était rapporté ; le peuple
d'Alexandrie s'était soulevé pour le rappel de son patriarche. « Enfin, cet homme contre lequel tant de
« puissances s'étaient conjurées, cet évêque qui avait
« passé tant d'années en exil, souvent au milieu des
« plus grands dangers, mourut dans son lit, suivant la
« naïve expression du martyrologe romain, en l'année
« 373, le 2 mai » (2). Ni cette persécution, ni ce retour
momentané des Homéens à la suprématie ne devaient
arrêter la dissolution du parti antinicéen. La foi de
Nicée multipliait ses conquêtes en Orient, d'autant que
la succession d'Athanase, pour le triomphe de l'orthodoxie, était entre bonnes mains, par l'entrée en lice
des évêques de Cappadoce.

Art. 5.

Les trois Cappadociens.

La Cappadoce, jusqu'alors infectée d'arianisme, devint à la fois le centre de la réaction et un foyer théologique. Trois grands évêques, saint Basile (3) de Césarée,

______

(1) Socrate, *H. E.*, III, 25 ; Sozomeni H. E., VI, 4.
(2) *Dict. de théol. cath.*, I, col. 2.153. — « Quelque opinion
« qu'on professe sur le fond des questions, est-il dit dans le
« *Grand Dictionnaire universel du XIXe siècle*, on n'en doit
« pas moins admirer la constance de ce mâle soldat, qui ne
« connut jamais de repos, et qui, des quarante-six ans de son
« épiscopat, en passa vingt en exil, et le reste en combats in-
« cessants contre les ariens. »
(3) Bardenhewer, II, p. 69 et suiv. ; — Schwane, II, p. 232
et suiv. ; *Dict. de th. cath.*, II, col. 441-455 ; — Paul Allard :
Saint Basile.

son frère saint Grégoire de Nysse (1), et saint Grégoire de Nazianze (2), étroitement unis par les liens du sang ou de l'amitié, allaient victorieusement continuer l'œuvre d'Athanase.

La lutte contre l'arianisme avait fait préciser la doctrine catholique. Certains points, comme la divinité du Verbe, sa génération éternelle, sa consubstantialité avec le Père, étaient désormais acquis. Restaient encore des obscurités ; la terminologie n'était pas fixée, les mots essence, substance, personne, etc., prêtaient aux équivoques, engendraient des malentendus, des erreurs et des discussions. Les docteurs de Cappadoce allaient travailler à établir une formule rationnelle, équivalente à celle de l'Eglise latine, où la question de l'unité et de la trinité en Dieu avait déjà son vocabulaire constitué (3). Basile et ses disciples conserveront, malgré la tradition nicéenne, l'expression origéniste τρεῖς ὑποστάσεις ; mais, en la complétant par celle de μία οὐσία, ils donneront à ces termes une signification orthodoxe, analogue à celle des latins *tres personæ unius substantiæ*, trois personnes en une seule substance.

Saint Basile (329-379), le premier, s'autorisant du synode d'Alexandrie de 362, cherche à justifier et à faire prévaloir l'expression de « trois hypostases » entendue dans le sens de trois personnes distinctes. Particulièrement dans deux ouvrages intitulés : *Réfutation de l'Apologie de l'impie Eunomius* (4) et *Du Saint-Esprit* (5), il expose sa doctrine. Le premier est consacré à prouver en cinq livres la divinité et la consubstantialité du Verbe ; le second, celle du Saint-Esprit. L'évêque de Césarée insiste, notamment dans ses lettres, sur la différence de l'οὐσία et de l'ὑπόστασις. « *Ce qui constitue donc* « *l'hypostase*, écrit-il à Grégoire de Nazianze, *ce n'est pas*

---

(1) Bardenhewer, II, p. 105 et suiv. ; — Schwane, II, p. 240 et suiv.

(2) *Ibid.*, II, p. 90 et suiv. ; — *Ibid.*, II, p. 250 et suiv.

(3) Ce travail de précision n'arrivera à son terme qu'après le concile de Chalcédoine, avec Léonce de Byzance. Voir *Revue d'Hist. et de Litt. relig.*, 1903, n° 6, p. 582-592.

(4) Ἀνατρεπτικὸς τοῦ Ἀπολογητικοῦ τοῦ δυσσεβοῦς Εὐνομίου (écrit vers 364).

(5) Περὶ τοῦ ἁγίου Πνεύματος (écrit vers 375) voir *infra*, t. II, p. 11.

« *l'idée indéterminée d'être,* οὐσία, *qui, par suite du ca-*
« *ractère général de la notion énoncée, n'a aucune exis-*
« *tence, mais ce qui exprime par des attributs parti-*
« *culiers le concept général vaguement énoncé* (1). »
— Et ailleurs, pour expliquer que la différence de ces
deux idées consiste en ce que l'hypostase est la détermi-
nation propre, individuelle, d'une notion indéterminée :
« *L'*οὐσία *se distingue de l'*ὑπόστασις, *comme en chacun*
« *de nous la nature de l'individu* (2). » — « *C'est une*
« *horrible impiété,* — affirmait-il dans son *Homélie*
« *contre les sabelliens et les anoméens* (3), — *que de ne*
« *pas croire aux paroles du Sauveur, qui nous met*
« *clairement sous les yeux la distinction des personnes.*
« *Quand je vous aurai quittés, disait-il* (S. Joan, XIV,
« *16), je prierai mon Père, et il vous enverra un autre*
« *Consolateur. Ainsi le Fils prie, le Père est prié, le*
« *Saint-Esprit est envoyé. Quoi! peut-on, sans une ma-*
« *nifeste effronterie, entendre* JE *du Fils,* IL *du Père,*
« UN AUTRE *du Saint-Esprit, et néanmoins tout mêler,*
« *tout confondre, appliquer à une seule et même chose*
« *les noms les plus divers ? Mais n'allez pas à votre*
« *tour asseoir votre doctrine impie sur la séparation*
« *des personnes. Car bien que numériquement, il y en*
« *ait deux* (4), *il n'y a qu'une seule nature, et parler*
« *de leur dualité, ce n'est pas affirmer leur sépara-*
« *tion. Il n'y a qu'un Dieu, lequel est Père ; il n'y a*
« *qu'un Dieu, lequel est Fils ; il n'y a pas deux*
« *dieux, puisque le Fils possède avec le Père une na-*
« *ture identique, car je ne vois pas deux divinités, l'une*

(1) *Ep.* 38. 3 : Τοῦτο οὖν ἐστιν ἡ ὑπόστασις, οὐχ ἡ ἀόριστος τῆς οὐσίας ἔννοια μηδεμίαν ἐκ τῆς κοινότητος τοῦ σημαινομέ-νου στάσιν εὑρίσκουσα, ἀλλ' ἡ το κοινόν τε καὶ ἀπερίγραπτον ἐν τῷ τινι πράγματι δια τῶν ἐπὶ φαινομένων ἰδιωμάτων παρίσ-τῶσα καὶ περιγράφουσα.

(2) *Ep.* 236. 6 : Οὐσία δὲ καὶ ὑπόστασις ταύτην ἔχει τὴν δια-φοράν ἣν ἔχει τὸ κοινὸν πρὸς τὸ καθ' ἕκαστον.

(3) *Homélie.* 24, nᵒ 3.

(4) BASILE, comme on le verra plus bas, t. II, p. 10, a toujours défendu la divinité du Saint-Esprit ; mais, dans ses discours, par des réticences voulues, pour ménager la foi hésitante de ses auditeurs, alors qu'une définition conciliaire n'était pas intervenue, il omettait à dessein le nom de Dieu en parlant de la 3ᵉ personne. Cette attitude provoqua des critiques qui furent l'occasion de son traité du Saint-Esprit.

« *dans le Père, l'autre dans le Fils, ni deux diffé-*
« *rentes natures dans les deux personnes. Aussi, pour*
« *apercevoir nettement la distinction des personnes,*
« *comptez à part le Père, et à part le Fils ; mais, pour*
« *ne pas donner dans le polythéisme, confessez en ces*
« *deux personnes une seule et même essence. Par là,*
« *vous abattez Sabellius ; et du même coup, vous ren-*
« *versez les anoméens.* »

Saint Grégoire de Nysse († vers 395) dans ses *Réfu-tation d'Eunomius* (1) et Saint Grégoire de Nazianze (330-390) dans ses *Discours théologiques* (2), à des nuances près, reprennent les mêmes explications. Ils poussent encore plus loin ce travail de précision, en particulier pour ce qui constitue les personnes et les propriétés personnelles. — C'est non pas dans l'essence, ni dans rien de ce qui est absolu et commun, mais dans les relations d'origine, exprimées par les termes de paternité, de filiation et de procession qu'il faut chercher le caractère constitutif des personnes. « *Seule*, dit Grégoire
« de Nazianze (3), *la différence de manifestation, pour*
« *parler ainsi, et de rapports réciproques* τῆς πρὸς
« ἄλληλα σχέσεως *donne lieu à des dénominations diffé-*
« *rentes. Il ne manque rien au Fils, pour avoir la pa-*
« *ternité, et la filiation n'est pas une privation, mais il*
« *n'est pas Père pour cela ; de même il ne manque rien*
« *au Père pour la filiation, et cependant le Père n'est*
« *pas Fils. Il n'y a absolument pas là une privation, ni*
« *même une subordination de l'être* ἀλλ' οὐκ ἔλλειψις
« ταῦτα πόθεν οὐδὲ τῆς κατὰ τὴν οὐσίαν ὑφέσεως. *Si la qua-*
« *lité d'être inengendré est assignée au Père, celle*
« *d'être engendrée au Fils, la procession au Saint-*
« *Esprit, c'est afin d'établir la distinction des trois*
« *personnes dans l'unité de nature et la dignité de la*
« *Divinité,* ἵνα τὸ ἀσύγχυτον σώζηται τῶν τριῶν ὑποστάσεων
« ἐν τῇ μιᾷ φύσει τε καὶ ἀξίᾳ τῆς θεότητος. *Le Fils n'est pas*
« *le Père — car il n'y a qu'un Père — il est ce qu'est*
« *le Père. L'Esprit n'est pas le Fils, parce qu'il vient*
« *de Dieu — car il n'y a qu'un engendré — il est ce*
« *qu'est le Fils : les trois sont un pour la Divinité*

(1) Πρὸς Εὐνόμιον ἀντιρρητικοὶ λόγοι.
(2) Οἱ τῆς Θεολογίας λόγοι.
(3) *Orat.*, 31, 9.

« ἓν τὰ τρία τῇ Θεότητι ; *et l'un est trois par les pro-*
« *priétés personnelles* καὶ τὸ ἓν τρία ταῖς ἰδιότησιν. »

Il y a donc en un seul Dieu trois relations, la paternité, la filiation et la procession, ou la sanctification,
comme s'exprime saint Basile (1). Ces rapports d'origine
constituent les personnes, et, continue saint Grégoire de
Nazianze, à chaque personne doivent être attribuées des
propriétés personnelles particulières ἰδιότητες, résultant
des conditions respectives d'origine (2). « *Celle d'être in-*
« *créé et divin est commune au Père, au Fils et au Saint-*
« *Esprit,* κοινὸν γὰρ Πατρὶ μὲν καὶ Υἱῷ καὶ ἁγίῳ πνεύματι τὸ
« μή γεγονέναι καὶ ἡ Θεότης ; .... *le Père a en propre de*
« *n'être point engendré* ἴδιον δὲ Πατρὸς μὲν ἡ ἀγεννησία ; *le*
« *Fils, d'être engendré* Υἱοῦ δὲ ἡ γεννησία, *le Saint-Es-*
« *prit d'être envoyé,* Πνεύματος ἡ ἐκπεμψις. » Et ainsi les
Cappadociens faisaient notablement progresser la connaissance du dogme trinitaire (3).

Art. 6.
Le concile œcuménique de Constantinople (381).

La persécution de Valens ne fit que hâter le retour à
la foi de Nicée. Cinquante-neuf évêques d'Asie-Mineure
se rapprochèrent de Rome (4) et envoyèrent en 366 une
députation au pape Libère pour préparer l'unité religieuse
et donner leur adhésion à la doctrine de la consubstantialité. De son côté, saint Basile entretenait des négo-
ciations avec le nouveau pape Damase (366-384) afin
d'opérer la réconciliation des dissidents. En 379, cent
quarante-six (ou 153) évêques d'Orient adressaient à
leurs collègues d'Occident une lettre où ils exprimaient
leur complète acceptation de la foi nicéenne. Valens
mort (378), Théodose, acquis à l'orthodoxie, ordonnait à
tous ses sujets, dans l'édit de Thessalonique du 27 février 380, de se soumettre aux décisions du premier
concile œcuménique et de confesser la divinité du Père,

(1) *Epit,* 236. πατρότης, υἱότης, ἁγιασμός.
(2) *Orat.*, 25, 16.
(3) Sur l'imperfection de la notion de personne dans les Cappadociens, voir *Revue d'Histoire et de Littérature religieuse,*
1903, nº 6, page 582.
(4) Voir *infra*, t. II, p. 8.

du Fils et du Saint-Esprit (1). Au début de 381, le pape Damase rédigeait, dans un synode romain, une *Confessio fidei catholicæ*, où 24 anathèmes étaient portés contre les hérésies orientales, sabellianisme, arianisme, etc.. Enfin, au mois de mai 381, s'ouvrait le second concile œcuménique à Constantinople. Cent cinquante évêques d'Orient orthodoxes confirmèrent purement et simplement le concile de Nicée :

« *La profession de foi des 318 Pères, réunis à* « *Nicée en Bithynie,* dit le 1er canon, *ne doit pas être* « *abrogée; elle doit conserver toute sa force. Toute* « *hérésie doit être anathématisée, en particulier celle* « *des eunomiens ou anoméens, celle des ariens ou eu-* « *doxiens* (2), *celle des semi-ariens ou pneumatistes* (3), « *celle des sabelliens et des marcelliens* (4), *celle des* « *photiniens* (5) *et celle des apollinaristes* (6). »

Le concile s'occupa en particulier des hérésies concernant le Saint-Esprit, comme on le verra par la suite (7). Entre temps, le 10 juin de la même année, Théodose signifiait aux hérétiques d'avoir à restituer partout les églises aux catholiques, avec défense de célébrer dans les villes (8).

(1) *Cod. Theod.*, lib. XVI, Tit. I, de Fide cathol., 1, 2.
(2) Partisans d'Eudoxe, évêque de Constantinople et protecteur des anoméens.
(3) Hérétiques niant la divinité du Saint-Esprit. — Voir *infra*, t. II, p. 6.
(4) Disciples de Marcel d'Ancyre.
(5) Disciple de Photin, élève de Marcel d'Ancyre et sabellien.
(6) Apollinaire niait que le Christ eût une âme humaine.
(7) Voir *infra*, t. II, p 11.
(8) *Cod. Theod.*, lib. XVI, Tit. V de hæret., 6.

TABLE DES MATIÈRES

Saint-Amand (Cher). — Imprimerie BUSSIÈRE.